매일 입고
싶은 잠옷

코다 아오이 지음

즐거운상상

contents

A
p.**6**
만드는 법 p.**50**

B
p.**8**
만드는 법 p.**51**

C
p.**8**
만드는 법 p.**51**

D
p.**10**
만드는 법 p.**52**

E
p.**12**
만드는 법 p.**53**

F
p.**14**
만드는 법 p.**54**

G
p.**15**
만드는 법 p.**55**

H
p.**16**
만드는 법 p.**56**

p.**17**

만드는 법 p.**57**

p.**19**

만드는 법 p.**58**

p.**20**

만드는 법 p.**59**

p.**21**

만드는 법 p.**60**

p.**22**

만드는 법 p.**61**

p.**24**

만드는 법 p.**62**

p.**25**

만드는 법 p.**63**

좋아하는 디자인과 마감 스타일을 조합
해 잠옷을 만들 수 있어요 ──── p.24

※ 재구성할 때는 작품 A～O 가운데 만들고 싶
 은 것을 고른 다음. 변경할 부분의 만드는 법
 을 찾아 그 작품의 페이지를 참조해서 완성
 하세요.

※ 앞트임의 겹침은 여성용은 오른쪽이 위. 남성
 용은 왼쪽이 위에 오지만 어느 쪽으로든 만들
 수 있습니다.

기본 상의 만드는 법 ──── p.26

기본 바지 만드는 법 ──── p.29

옷 만들기의 기본 ──── p.31

옷 만드는 과정 한눈에 보기 ──── p.32

좋아하는 디자인과 마감 스타일을 조합해 잠옷을 만들 수 있어요

상 의

● collar 칼라

〈앞트임〉

셔츠칼라 각진 모양
모서리가 뾰족한 옷깃
스탠다드한 칼라

셔츠칼라 둥근 모양
모서리가 둥근 옷깃
부드러운 인상을 준다

오픈칼라 각진 모양
옷깃이 벌어져 있어 시원하다

오픈칼라 둥근 모양
옷깃이 벌어져 있어 시원하며
부드러운 느낌을 준다

노칼라
앞이 트여 있으면서 옷깃이 없는 디자인

스탠드칼라 | 목을 따라서 세운 옷깃
적당한 높이로 잠잘 때도 편하다

〈앞트임 없음〉

보트넥
단추를 달 필요가 없다.
머리에서부터 쑥 넣어 쉽게 입을 수 있다

보트넥 변형
안단을 겉으로 보이게 박아서 악센트로 활용

슬릿넥
앞중심에 세로로 트임을 넣은 디자인

브이넥 | V자 모양으로 파인 목둘레
머리에서부터 쑥 넣어 입을 수 있다

밴드칼라 | 긴 단추집덧단
단추로 여밈 하는 곳에 단을 덧대어 달아
포인트를 주었다

밴드칼라 | 짧은 단추집덧단
헨리넥 티셔츠처럼 캐주얼한 느낌

● pocket 주머니

사각형
깔끔한 느낌을 준다

오각형
깔끔함에 재미가 더해진 모양

둥근바닥
달아만 줘도 귀엽다

옆주머니
옆선 시접에 단다
튜닉 또는 원피스에 사용

옆주머니 + 스티치
스티치가 보이게
안주머니를 겉에서 눌러 박는다

● pocket position 주머니 위치

상단
왼쪽 가슴에 주머니를 단다

하단
밑단이 직선일 때 어울린다

옆선
튜닉이나 원피스에 단다

● sleeve 소매

긴소매
1년 내내 입을 수 있다

반소매
여름철이나 더위를 많이 타는 분들에게 추천

긴소매 + 고무줄
소매를 걷기 편하다

● hem 밑단 모양

직선(앞뒤 같음)
깔끔한 분위기를 연출하고 싶을 때

곡선(앞뒤 같음)
부드러운 이미지로 연출하고 싶을 때

직선(앞뒤 다름)
옆선에 슬릿을 넣어 완성한다

직선 × 곡선(앞뒤 다름)
뒷모습이 귀엽다

● length 길이

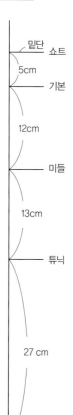

밑단 — 쇼트
5cm
— 기본
12cm
— 미들
13cm
— 튜닉
27 cm
— 원피스

● piping 파이핑 위치

옷깃 + 앞가장자리
셔츠칼라 둥근모양과 오픈칼라
둥근모양일 때 달 수 있다

안단 가장자리
안단을 겉으로 보이게 내놓을 때
달 수 있다

소매
긴소매의 소맷부리에 달 수 있다

주머니
사각형, 오각형, 둥근바닥 주머니에
달 수 있다

● edge 옷감 가장자리 처리

※ 상의, 바지 공통

지그재그
지그재그박기로 마무리한다

쌈솔
작품 J는 쌈솔로 꼼꼼하게 마무리
했지만 모든 작품에 적용 가능하다

● pocket 주머니

※ 사각형 · 오각형 · 둥근바닥 주머니는 바지 뒤판에
옆주머니는 옆선에

사각형
깔끔한 느낌을 준다

오각형
깔끔함에 재미가 더해진 모양

둥근바닥
달아만 줘도 귀엽다

옆주머니
1장을 반으로 접는 주머니라서 간단하다

옆주머니 + 스티치
주머니를 바지에 박아서 고정하기 때문에
바지 안쪽이 깔끔하다

● length 길이

풀
발목까지 확실하게 가려준다

크롭
풀길이보다 조금 짧아서 움직이기 편하다

버뮤다
허벅지 부위를 확실히 가려주는 무릎길이

쇼트
여름에 입는 시원한 길이감
박을 부분이 짧아서 금방 완성

● waist 허리

고무줄
고무줄 하나로 마무리하기 때문에 쉽다

고무줄 + 끈
끈을 더해 흘러내리지 않게 완성

● front opening 앞트임

있음
남성용은 앞트임을 만든다

없음
작품 M과 같은 니트 옷감으로 만들 때는
남성용도 앞트임 없이 만든다

● hem 밑단

시보리 있음
본체를 니트 옷감로 만드는 경우에
달 수 있다

시보리 없음
깔끔하고 딱 떨어지게 완성된다

● piping 파이핑 위치

밑단
풀길이 바지에 달 수 있다

주머니
사각형, 오각형, 둥근바닥 주머니에

옆선
옆주머니를 달지 않은 바지에

※ 이 책은 옷깃과 주머니의 모양, 주머니와 파이핑의 유무, 소매와 밑단의 길이, 밑단의 모양,
옷감 가장자리 처리 등 원하는 스타일을 선택할 수 있도록 구성했습니다.

A 셔츠칼라 각진 모양에 앞단추를 단 베이직한 디자인.
상의 하단에 사각형 주머니 2개를 달았어요.

만드는 법 p.50

단추를 열고 입어도 좋아요.
바지에는 옆주머니를 달았어요.

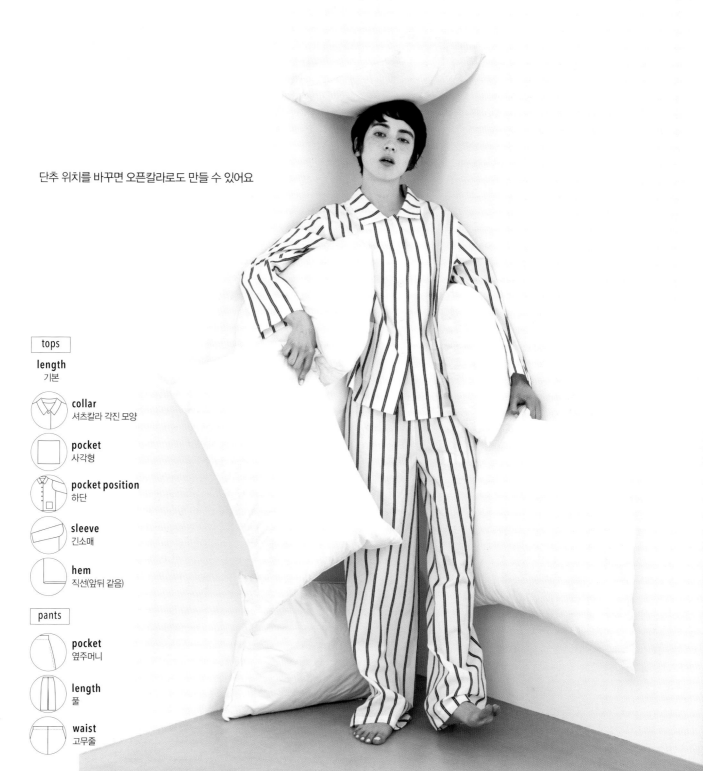

단추 위치를 바꾸면 오픈칼라로도 만들 수 있어요

tops

length
기본

collar
셔츠칼라 각진 모양

pocket
사각형

pocket position
하단

sleeve
긴소매

hem
직선(앞뒤 같음)

pants

pocket
옆주머니

length
풀

waist
고무줄

옷깃, 앞가장자리, 소맷부리, 주머니, 바지 밑단에 파이핑을 넣었어요.
상의 앞트임의 겹치는 부분은 남녀가 반대입니다.

만드는 법 p.51

tops

length
기본

collar
오픈칼라 둥근 모양

pocket
사각형

pocket position
상단

sleeve
긴소매

hem
직선(앞뒤 같음)

piping
옷깃·앞가장자리,
주머니, 소맷부리

pants

pocket
사각형

length
풀

waist
고무줄(B), 고무줄 + 끈(C)

front opening
없음(B), 있음(C)

piping
밑단, 주머니

단추와 파이핑테이프의 색깔을 맞추면 완성도가 높아집니다.

바지 뒤판에 파이핑테이프를 끼운 사각형 주머니 2개를 달았어요.

9

D

적당하게 파인 브이넥이라서 목과 어깨가 춥지 않아요.
바지는 버뮤다길이입니다.

만드는 법 p.52

tops

length
앞 : 쇼트 + 뒤 : 기본

 collar
브이넥

 sleeve
긴소매 + 고무줄

 hem
직선 × 곡선(앞뒤 다름)

pants

 pocket
사각형

 length
버뮤다

 waist
고무줄

10

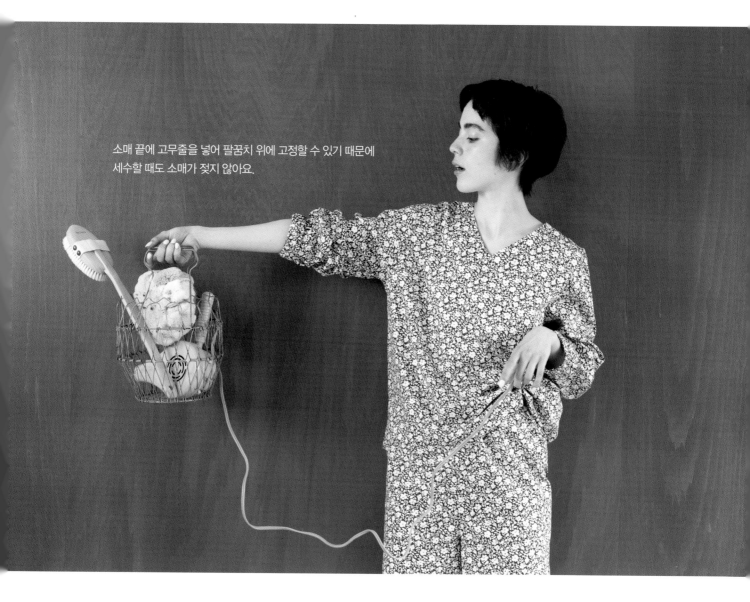

소매 끝에 고무줄을 넣어 팔꿈치 위에 고정할 수 있기 때문에
세수할 때도 소매가 젖지 않아요.

밑단은 앞뒤 차이를 둡니다.
뒤쪽을 라운드로 처리해서
부드러운 분위기로 완성.

바지 뒤판에 사각 주머니를
달았어요

원피스 스타일.
긴 단추집 덧단을 달아 악센트로 활용했어요.
옷깃과 단추집 덧단을 같은 옷감으로 만들어 통일감을 살렸어요.

만드는 법 p.53

양 사이드에 옆주머니를 달았어요.

tops

length
원피스

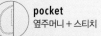
collar
밴드칼라 | 긴 단추집덧단

pocket
옆주머니 + 스티치

pocket position
옆선

sleeve
긴소매

hem
곡선(앞뒤 같음)

뒤판 중심에 맞주름을 잡아
품이 여유로워요.

앞부분을 벨크로 단추로 고정해서 입고 벗기 편해요.
간병용·수유용으로 활용해도 좋아요.

만드는 법 p.54

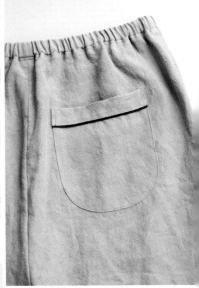

옷깃을 달지 않고 심플하게 완성.

뒷주머니에도 파이핑을 달아줍니다.

허리는 고무줄＋끈
앞트임은 최대한 단순하게 만들고
깔끔하게 마무리.

tops

length
기본

 collar
노칼라

 pocket
둥근바닥

 pocket position
하단

 sleeve
긴소매

 hem
직선(앞뒤 같음)

 piping
소매, 주머니

pants

 pocket
둥근바닥

 length
풀

 waist
고무줄＋끈

 front opening
있음

 piping
주머니

단추 없이 머리부터 쑥 넣어 입는 심플한 스타일의 상의입니다.
바지는 크롭 길이로 만들어 가벼운 느낌으로 입을 수 있어요.
바지 뒤판에 오각형 주머니 2개를 달았습니다.

만드는 법 p.55

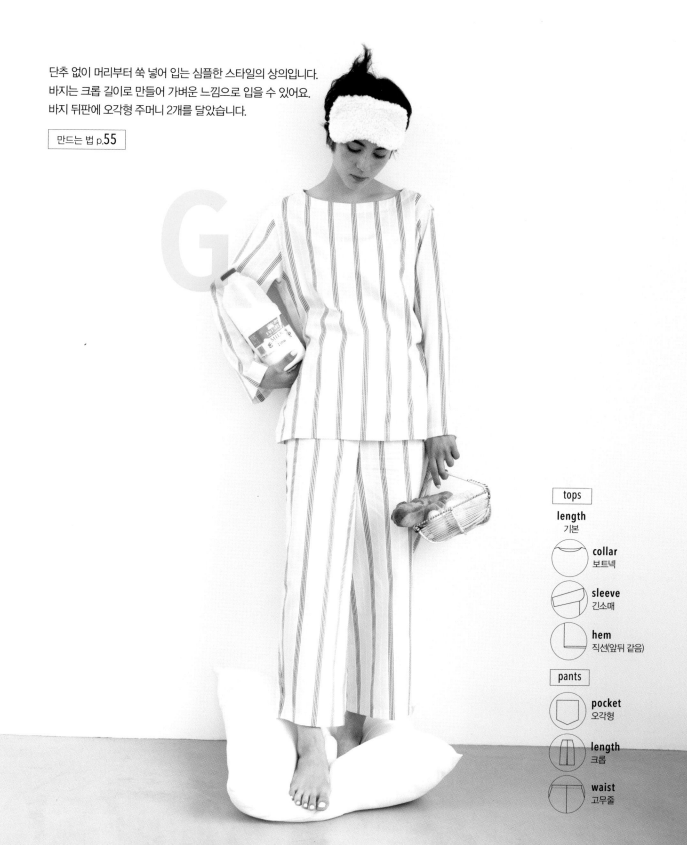

tops

length
기본

collar
보트넥

sleeve
긴소매

hem
직선(앞뒤 같음)

pants

pocket
오각형

length
크롭

waist
고무줄

H

슬릿넥으로 깔끔한 네크라인이 돋보입니다.
패턴을 살리고 싶어서 주머니 없이 마무리했어요.

만드는 법 p.56

tops

length
앞 : 미들 + 뒤 : 튜닉

collar
슬릿넥

sleeve
긴소매

hem
직선(앞뒤 다름)

pants

length
풀

front opening
없음

옆선에 슬릿이 있어 편하고 경쾌해 보여요.

tops

length
기본

collar
셔츠칼라 각진 모양

pocket
사각형

pocket position
하단

sleeve
반소매

hem
직선(앞뒤 다름)

pants

pocket
옆주머니 + 스티치

length
버뮤다

waist
고무줄 + 끈

front opening
있음

반소매 x 버뮤다 팬츠로
여름에 입기 좋게 만들었어요.
똑딱단추를 달아서 단춧구멍을
만들지 않아도 돼 간편해요.

만드는 법 p.57

17

바지를 버뮤다 길이보다 짧은 쇼트 길이로 만들었어요.

상의는 쌈솔로 꼼꼼하게 마무리했어요.
바지는 쌈솔과 통솔을 조합했습니다.
뒷모습도 깔끔합니다.

시접 가장자리가 피부에 직접 닿지 않도록
쌈솔과 통솔로 꼼꼼하게 마무리했어요.
피부가 약한 분, 편안한 착용감을 원하는 분께 추천합니다.

만드는 법 p.58

J

tops

length
기본

collar
오픈칼라 둥근 모양

pocket
오각형

pocket position
상단

sleeve
긴소매

hem
곡선(앞뒤 같음)

edge
쌈솔

pants

length
쇼트

waist
고무줄

edge
쌈솔

19

K

네크라인의 안단을 바깥으로 꺼내 파이핑테이프와 함께
몸판에 박아 디자인 포인트로 활용했어요.

만드는 법 p.59

tops

length
기본

collar
보트넥 변형

sleeve
반소매

hem
곡선(앞뒤 같음)

piping
안단 가장자리

pants

pocket
둥근바닥

length
크롭

waist
고무줄

piping
옆선

바지 옆선에도 파이핑테이프를 달아
악센트를 주었어요.

tops

length
원피스

collar
스탠드칼라

pocket
옆주머니

pocket position
옆선

sleeve
긴소매

hem
곡선(앞뒤 같음)

스탠드칼라 x 롱원피스
뒷중심에 맞주름을 넣어 품이 넓어 편해요.

만드는 법 p.60

니트 소재로 만들어 신축성이 좋아요.
편안한 느낌이면서도 단추집 덧단을 대었더니 단정해보여요.

만드는 법 p.61

M

단추집 덧단과 옷깃, 바지 밑단 시보리의
색을 맞춰서 조화롭게 완성.

바지 밑단에 시보리를 달면
발목 주변을 따뜻하게 보호할 수 있어요.

tops	
length 쇼트	
collar 밴드칼라 | 짧은 단추집덧단	
pocket 둥근바닥	
pocket position 상단	
sleeve 반소매	
hem 곡선(앞뒤 같음)	

pants	
pocket 옆주머니 + 스티치	
length 풀	
waist 고무줄 + 끈	
front opening 있음	
hem 시보리 있음	

N

소맷부리에 파이핑테이프를 달았어요.
네크라인은 트임 있는 슬릿넥으로 깔끔하게.

만드는 법 p.62

length
앞 : 쇼트 + 뒤 : 기본

collar
슬릿넥

sleeve
긴소매

hem
직선(앞뒤 다름)

piping
소매

pants

pocket
옆주머니

length
풀

waist
고무줄 + 끈

front opening
있음

파이핑테이프의 컬러는 몸판에 사용한
옷감 색깔 중에서 고르면 됩니다.

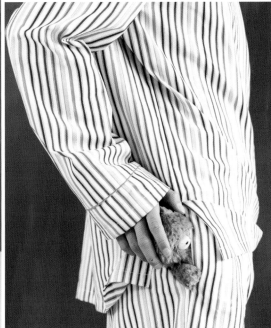

둥근 모양의 셔츠칼라가 귀여운 롱튜닉 길이.
다리를 편하게 움직일 수 있도록 슬릿을 깊게 넣었어요.

만드는 법 p.63

tops

length
앞 : 미들 + 뒤 : 튜닉

collar
셔츠칼라 둥근 모양

pocket
둥근바닥

pocket position
상단

sleeve
반소매

hem
직선 × 곡선(앞뒤 다름)

pants

pocket
옆주머니

length
풀

waist
고무줄

기본 상의 만드는 법 ※단위는 cm

주머니를 단다

〈사각형·오각형〉

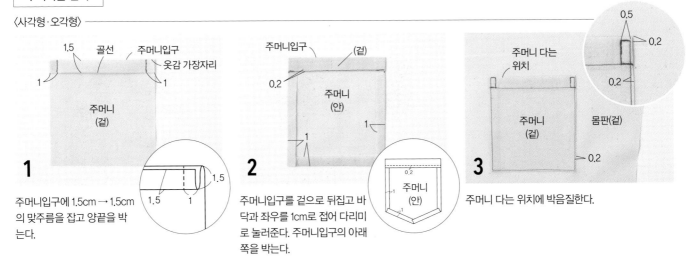

1 주머니입구에 1.5cm → 1.5cm 의 맞주름을 잡고 양끝을 박는다.

2 주머니입구를 겉으로 뒤집고 바닥과 좌우를 1cm로 접어 다리미로 눌러준다. 주머니입구의 아래쪽을 박는다.

3 주머니 다는 위치에 박음질한다.

〈둥근바닥〉

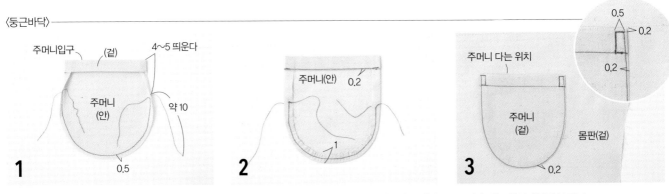

1 〈사각형·오각형〉의 1과 같은 방법으로 박는다. 주머니입구를 겉으로 뒤집는다. 바닥의 곡선부분 시접을 큰 땀으로 성기게 박는다. 박기 시작과 박기 끝의 실끝을 약 10cm 남긴다.

2 양쪽 밑실을 당겨서 곡선을 만들고 주머니입구 이외를 1cm로 접어 다리미로 눌러준다. 주머니입구의 아래쪽을 박는다.

※ 주머니의 완성치수대로 자른 두꺼운 종이를 대고 따라서 1cm 접으면 작업하기 쉽다.

3 주머니 다는 위치에 박아서 단다.

몸판과 안감의 어깨선을 박는다

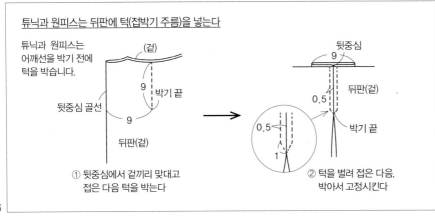

튜닉과 원피스는 뒤판에 턱(접박기 주름)을 넣는다

튜닉과 원피스는 어깨선을 박기 전에 턱을 박습니다.

① 뒷중심에서 겉끼리 맞대고 접은 다음 턱을 박는다

② 턱을 벌려 접은 다음. 박아서 고정시킨다

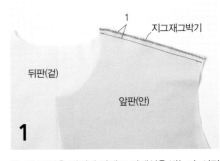

1 앞·뒤 몸판을 겉끼리 맞대고 어깨선을 박는다. 시접 2장을 함께 지그재그로 박는다. 시접을 뒤쪽으로 넘긴다.

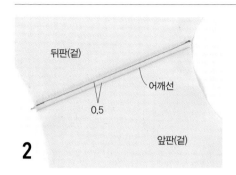

2

어깨선에서 0.5cm 떨어트려 박는다.

3

앞·뒤쪽 안단을 겉끼리 맞대고 어깨선을 박는다.

4

시접을 벌리고 바깥쪽으로 지그재그박기를 밑단쪽까지 한다.(밑단은 하지 않는다.)

옷깃을 만든다

〈각진칼라〉

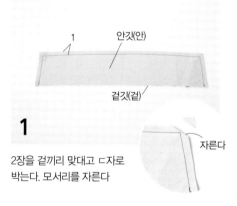

1

2장을 겉끼리 맞대고 ㄷ자로 박는다. 모서리를 자른다

2

①을 겉으로 뒤집어 다리미로 누른 다음, ㄷ자로 박는다. ② 몸판붙이는 쪽을 큰땀으로 성기게 박아 임시고정한다.

옷깃을 달고 목둘레를 처리한다

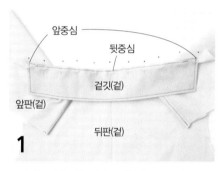

1

몸판 겉쪽에 옷깃을 겹치고 시침핀으로 고정한다.

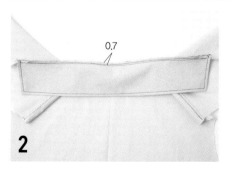

2

큰땀으로 성기게 박아 임시고정한다.

3

몸판과 안단을 겉끼리 맞대고 옷깃을 끼워서 밑단~앞가장자리~목둘레선 앞가장자리~밑단을 이어서 박는다. 모서리 2곳을 자른다.

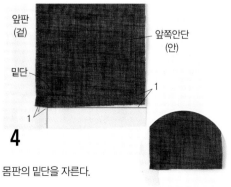

4

몸판의 밑단을 자른다.

자른 부분

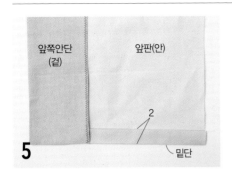

5 안단을 몸판의 안쪽으로 뒤집는다. 앞판의 밑단을
1cm → 2cm로 두 번 접어 다림질한다.

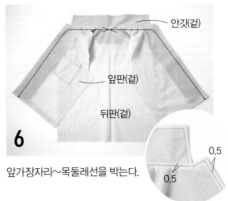

6 앞가장자리~목둘레선을 박는다.

소매를 단다

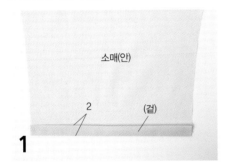

1 소맷부리를 1cm → 2cm로 두 번 접어 다림질한다.

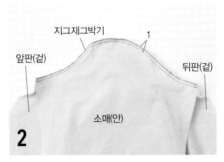

2 앞·뒤 몸판과 소매를 겉끼리 맞대고 맞춤표시를 정
확하게 맞춰 소매를 박는다. 시접 2장을 함께 지그
재그박기를 한다. 시접을 몸판쪽으로 넘긴다.

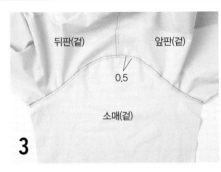

3 소매라인에서 0.5cm 떨어트려 박는다.

소매 옆선~몸판 옆선을 박는다

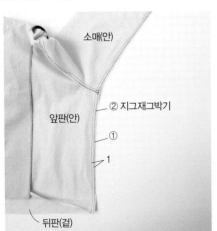

① 몸판·소매를 겉끼리 맞대고 밑단과 소맷부리
의 다려놓은 시접을 벌려 소맷부리에서 밑단까
지 한꺼번에 이어서 박는다.
② 시접 2장을 함께 지그재그로 박는다. 시접을
뒤판 쪽으로 넘긴다.

밑단과 소매를 박는다

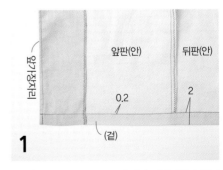

1 밑단을 1cm → 2cm로 두 번 접어 다림질한다. 앞가
장자리 쪽에서부터 밑단을 박는다.

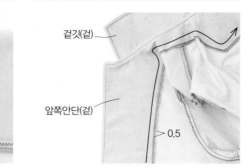

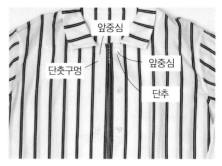

2

소맷부리를 1cm → 2cm로 두 번 접어 다린 후 박는다.

안단의 가장자리를 밑단에서부터 다른 쪽 밑단까지 이어서 박는다.

p.47을 참조하여 단춧구멍을 만들고 단추를 단다.
※ 단춧구멍 만드는 법은 p.34 참조

기본 바지 만드는 법

주머니를 달고 옆선을 박는다

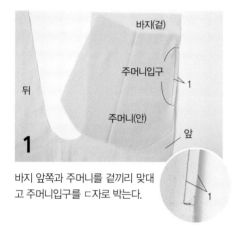

1

바지 앞쪽과 주머니를 겉끼리 맞대고 주머니입구를 ㄷ자로 박는다.

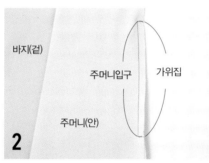

2

주머니입구의 위아래 시접에 비스듬하게 가위집을 넣는다.

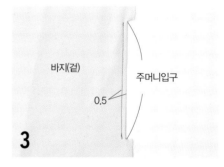

3

주머니를 바지 안쪽으로 뒤집어 다림질한 후에 주머니입구에서 0.5cm 떨어진 부분을 박는다.

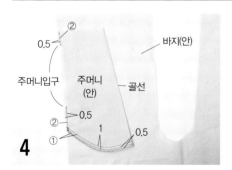

4

① 주머니를 겉끼리 맞대서 반으로 접고 바닥을 2줄로 박는다. 시접 2장을 함께 지그재그박기한다.
② 주머니입구는 띄우고 위아래를 박아 바지에 임시 고정한다.

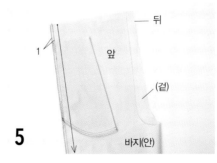

5

앞쪽과 뒤쪽을 겉끼리 맞대고 옆선을 밑단까지 박는다.

Point 주머니입구 부분은 주머닛감이 겹쳐진 부분과 높낮이 차이가 있으므로 주머니입구를 박아버리지 않도록 손가락으로 확인하면서 진행한다.

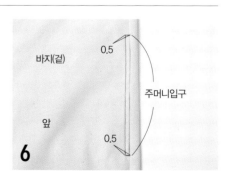

6

시접을 뒤쪽으로 넘기고 주머니입구의 위아래를 박는다.

밑위를 박는다

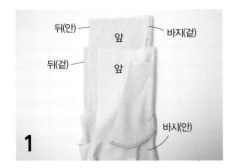

바지 1장을 뒤집어 다른 1장의 안으로 넣어 겉끼리
맞댄다.

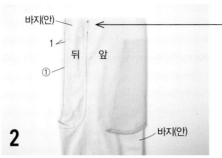

① 밑위를 박는다. 앞중심쪽의 고무줄 끼우는 구멍
은 박지 않는다.
② 고무줄 끼우는 구멍의 시접 1장에 가위집을 넣
는다.

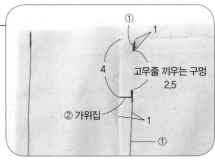

Point 밑위는 솔기가 겹치게 두 번 박아 튼튼하게 한다.

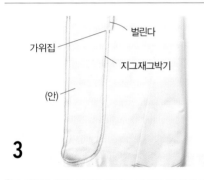

2의 가위집 위쪽 시접을 벌리고 가위집 아래쪽부터
반대쪽의 허리 붙이는 위치까지 2장을 함께 지그재
그로 박는다.

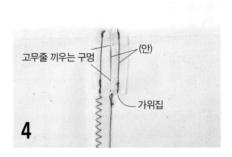

고무줄 끼우는 구멍을 박는다.

허리를 박고 납작고무줄을 끼운다

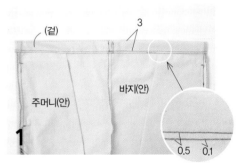

허리선을 1cm → 3cm로 두 번 접어 2줄로 박는다.

Point 옆주머니의 상단을 허리선에 끼워넣고 박는다.

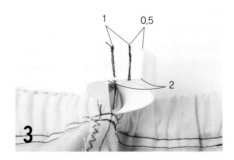

고무줄끼우개에 납작고무줄을 달고 고무줄 끼우는
구멍에 넣어 한바퀴 돌린다.

납작고무줄의 양끝을 2cm 겹쳐서 박는다.

밑단을 박는다

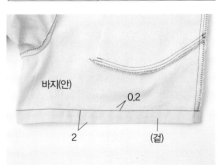

밑단을 1cm → 2cm로 두 번 접어 박는다.

옷 만들기의 기본

만드는 법 표기에 관하여

● 각 작품의 옷감을 마름질하는 법은 S사이즈가 기준입니다. 치수나 사용하는 옷감에 따라 배치가 달라질 수 있으므로 마름질하기 전에 반드시 각 부분을 옷감에 배치해보세요.

● 재료의 옷감은 폭 X 길이 순으로 표기했습니다.

● 재료의 납작고무줄은 참고용 길이입니다. 고무줄 끼우는 구멍을 통과시켜 양 끝을 겹쳐서 박기 전에 자신의 사이즈에 맞게 조절하세요.

● 부록인 실물크기 옷본에는 시접이 포함되어 있지 않습니다. [옷감을 마름질하는 법]을 참고하여 시접을 그리세요.

치수에 관하여

● 단위는 cm입니다.

● 치수는 신체 사이즈입니다. 여성 모델은 160cm에 S사이즈, 남성 모델은 178m에 LL사이즈를 착용했습니다. H·O 작품은 모델용으로 상의 전체길이를 5cm 늘렸습니다.

● 이 책에서는 각 작품을 S, M, L, LL, 3L, 4L의 6가지 사이즈로 소개했습니다.

● 아래 치수표와 각 작품의 완성치수를 기준으로 선택해주세요.

	S	M	L	LL	3L	4L
키	158~164cm			165~180cm		
가슴둘레	81	86	91	96	101	106
허리	62	66	70	75	80	85
엉덩이	88	92	96	101	106	111

완성치수에 대해

전체길이는 뒷목점에서 밑단까지(옷깃이 있는 것은 옷깃이 붙어있는 부분에서 밑단)의 길이를, 바지길이는 총옆길이(옆선 상단에서 밑단까지)의 길이를 표기했습니다.

필요한 도구

재봉틀

가정용 재봉틀 또는 공업용 재봉틀(사진)을 사용. 공업용 재봉틀은 직선박기 전문 재봉틀. 그 외에 다른 바느질은 할 수 없으므로 오버록 재봉틀로 옷감 가장자리 처리를 해주세요.

재단가위

옷감을 자르기 위한 가위입니다.

쪽가위

실을 자르기 위한 가위입니다.

실뜬개

잘못 박음질한 실을 뜯어내거나 단춧구멍을 뚫을 때 사용합니다.

초크펜

옷감에 표시할 때 쓰는 펜. 시간이 지나면 저절로 사라지는 펜을 추천합니다.

모눈자

길이 50cm 또는 30cm의 자로 0.5cm 간격으로 모눈이 표시되어 있어 편리합니다.

패턴지

실물크기 옷본을 옮겨 그릴 때 사용합니다.

옷 만드는 과정 한눈에 보기

Step 1 옷감을 준비한다

완성된 제품을 세탁했을 때 줄어들거나 뒤틀리지 않도록 옷감을 마름질하기 전에 반드시 물에 담가서 줄어들게 해둡니다.(선세탁 & 올바로잡기)

선세탁 & 올바로잡기하는 법

1 가로 방향의 실 한 가닥을 옷감 폭만큼 뽑은 후, 뽑아낸 선을 따라 옷감을 자릅니다. 모서리가 직각이 되도록 손으로 잡아당겨 뒤틀림을 바로 잡습니다.

2 1시간 정도 물에 담가두었다가 세탁기로 가볍게 탈수 후, 올 방향을 정리해서 반쯤 마를 때까지 그늘에서 말립니다.

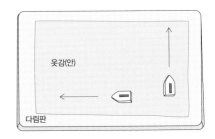

3 가로올 방향과 세로올 방향이 직각이 되도록 정리한 후에 올방향을 따라 옷감의 안쪽에서 다림질합니다.

Step 2 실물크기 옷본을 옮겨 그려 옷본을 만든다

1 실물크기 옷본 위에 패턴지 등 비치는 종이를 올려놓고 모눈자를 이용해 선을 따라 그립니다.

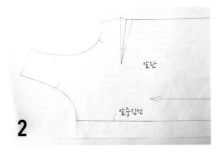

2 부분명과 식서 방향선, 맞춤표시 등 기호를 옮겨 적습니다.

옷본에 없는 부분은

만드는 법 페이지의 옷감을 마름질하는 법을 따라 옷감 안쪽에 자를 이용해서 직접 초크펜으로 선을 그린 다음, 자릅니다.

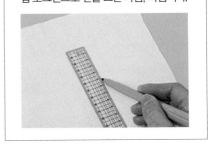

옷본기호

↕ 식서 방향선 옷감의 세로방향	| 골선 옷감을 반으로 접었을 때 접음선	⊢ 맞춤표시 옷감을 겹쳤을 때 어긋나지 않도록 맞추기 위한 표시	⫽ 턱(접박기) 주름을 만들기 위한 표시

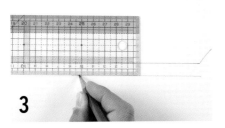

3 옷감을 마름질하는 법의 시접 치수를 확인하여 완성선 바깥쪽에 시접선을 그립니다.

※ 모서리부분은 오른쪽 페이지의 [모서리 시접 그리는 법]을 참조

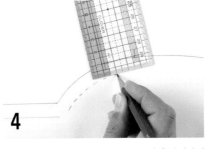

4 곡선부분은 곡선을 따라 자를 조금씩 움직이면서 점을 그린 후, 마지막에 점을 연결합니다.

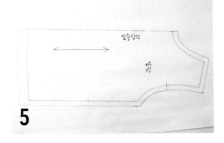

5 맞춤표시는 시접 끝까지 연장합니다. 둘레를 자르면 시접이 포함된 옷본이 완성됩니다.

모서리 시접 그리는 법

A 연장해서 그린다〈옷깃〉
시접선을 그대로 연장한다

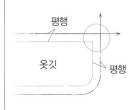

B 직각으로 그린다 〈어깨선 끝, 옆선, 진동둘레〉
먼저 박는 쪽의 완성선을 연장하고 그 선에 대해 직각으로 그린다

C 한 번 접기 · 두 번 접기〈소맷부리, 밑단〉

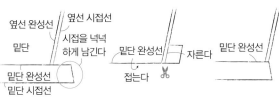

① 밑단 완성선을 연장하여 모서리 주위를 넉넉히 남겨두고 옷본을 잘라낸다

② 밑단 완성선에서 접고 옆선의 시접선을 따라 남는 부분을 자른다

③ 시접선이 완성되었다

Step **3** ### 옷본을 마름질한다

옷감을 마름질하는 법을 참조해서 식서방향선을 맞춰서 옷감 위에 옷본을 올립니다. 시침핀으로 고정한 다음, 옷감 가장자리부터 옷본을 따라 자릅니다.

Step **4** ### 표시를 한다

1 맞춤표시 부분에는 시접에 0.5cm 정도의 가위집(노치)을 넣습니다.

2 턱(접박기) 위치나 주머니 다는 위치 등은 수예용 복사지와 룰렛으로 표시하세요.

Step **5** ### 접착심지를 붙인다

옷감을 마름질하는 법 그림 안에 접착심지를 붙이라는 지시가 있으면 옷감 안쪽에 붙입니다. 접착심지에는 직물, 니트, 부직포 등의 종류가 있으므로 사용하는 옷감에 맞춰서 고릅니다. 이 책에서는 직물을 사용했습니다.

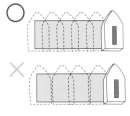

붙이는 법
옷감 안쪽에 접착심지의 접착제가 묻은 면 (윤기있는 면)을 대고 덧천을 덮은 후에 다리미로 끝에서부터 똑같은 압력을 주면서 누릅니다. 다리미를 조금씩 움직이며 틈이 생기지 않도록 하고 다 붙인 후에는 식을 때까지 그대로 둡니다.

\ 어드바이스! /
안단이나 옷깃은 필요한 시접보다 더 크게 잘라 자른 옷감에 접착심지를 붙인 뒤에 옷본을 놓고 마름질하면 깔끔합니다.

Step **6** ### 실과 바늘을 준비한다

재봉실과 재봉바늘은 옷감에 맞는 것을 고릅니다. 니트 옷감은 니트용 바늘과 실을 사용하세요.

옷감의 종류	재봉실	재봉바늘
얇은옷감(코튼실크. 큐프라코튼 등)	90번	7, 9호
보통옷감(리넨,코튼타이프라이터 등)	60번	9, 11호
두꺼운 옷감(두꺼운 울 등)	30번	11, 14호

Step 7 재봉틀로 박는다

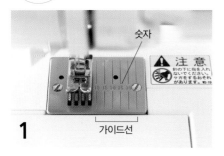

1

숫자

가이드선

재봉틀 바늘판에 붙어있는 가이드선을 이용하여 박습니다. 숫자는 바늘이 내려오는 위치에서부터의 거리(= 시접폭)를 나타냅니다.

2

옷감가장자리

가이드선

만드는 법 내의 시접폭을 참조해서 가이드 선을 골랐으면 가이드 선과 옷감 가장자리를 맞춰서 박습니다.

가이드선이 없는 재봉틀의 경우

바늘이 내려오는 위치에서부터 수직으로 시접분만큼 거리를 두고 바늘판에 마스킹테이프를 붙입니다. 마스킹테이프 가장자리와 옷감가장자리를 맞춰서 박습니다.

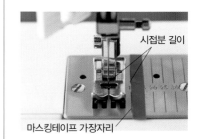

시접분 길이

마스킹테이프 가장자리

단춧구멍 만드는 법

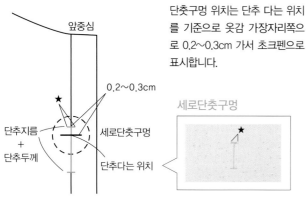

앞중심

0.2~0.3cm

★

단추지름
+
단추두께

세로단춧구멍

단추다는 위치

세로단춧구멍

★

단춧구멍 위치는 단추 다는 위치를 기준으로 옷감 가장자리쪽으로 0.2~0.3cm 가서 초크펜으로 표시합니다.

노루발의
표시

1

단춧구멍 노루발에 단추를 넣고 노루발을 끼웁니다. 초크펜으로 그린 앞쪽 표시와 노루발의 표시를 맞춰서 옷감을 놓고 윗실을 노루발 구멍에서 아래로 뺍니다.

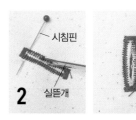

시침핀

2

실뜯개

단춧구멍 만드는 기능을 선택하여 박습니다. 다 박았으면 단춧구멍 안쪽의 한쪽 끝에 시침핀을 꽂고 바늘땀 안쪽을 실뜯개로 잘라서 구멍을 만듭니다.

옷본 보정하는 법

자기 사이즈에 더 잘 맞는 파자마를 만들고 싶다면 보정도 가능합니다.
품과 바지폭은 꽤 여유가 있는 디자인이므로 길이 보정법만 소개합니다.

〈상의〉· 길이 늘리기

몸판

밑단 라인을 평행하게 늘리고 싶은 만큼 이동시킨다

※ 줄이고 싶은 경우에도 방법은 같다.
※ 소매 길이도 마찬가지. 소맷부리쪽을 늘린다.

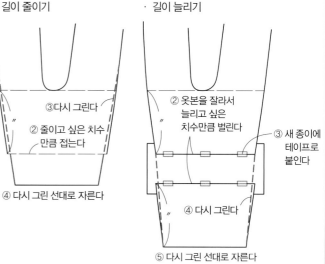

〈바지〉

바지

① 선을 긋는다

· 길이 줄이기

③다시 그린다

② 줄이고 싶은 치수
만큼 접는다

④ 다시 그린 선대로 자른다

· 길이 늘리기

② 옷본을 잘라서 늘리고 싶은 치수만큼 벌린다

③ 새 종이에 테이프로 붙인다

④ 다시 그린다

⑤ 다시 그린 선대로 자른다

쌈솔로 상의 가장자리 처리하기

작품 J는 쌈솔로 꼼꼼하게 가장자리를 처리하였습니다. 이외의 작품에서 가장자리를 통솔로 할 경우에는 J를 참조해서 필요한 부분의 시접을 1.5cm로 변경합니다.

주머니를 단다

p.26 [주머니를 단다] 참조

몸판과 안단의 어깨선을 박는다 ※ 옷깃을 다는 것으로 해설.

1 앞 · 뒤 몸판을 겉끼리 맞대고 어깨선을 박는다.

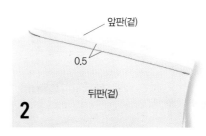

2 뒤판 시접을 0.5cm 남기고 자른다.

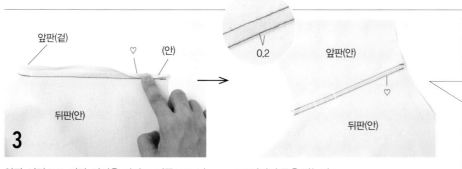

3 앞판 시접으로 뒤판 시접을 감싸고 뒤쪽으로 넘긴다.

0.2 떨어진 곳을 박는다.

옷깃을 만든다, 옷깃을 달고 목둘레를 처리한다

p. 27 [옷깃을 만든다] 1, 2, [옷깃을 달고 목둘레를 처리한다] 1 ~ 6를 참조.

※ 3의 경우, p.44 [B · C 옷깃을 달고 목둘레를 처리한다] 와 같이 목둘레선 앞가장자리를 자른다.

옷깃을 달지 않을 때는

시접을 양쪽으로 갈라 뉘인 후 겉에서 바늘땀이 보이게 박는 솔기

1 위의 1과 같은 방법으로 어깨선을 박는다.

2 시접을 벌리고 각각의 시접을 반으로 접어서 박는다.

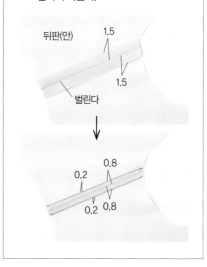

---

4 앞쪽 안단은 한 변, 뒤쪽 안단은 세 변을 각각 1cm로 접어 접음선을 만든다. 접음선을 한번 펼쳐서 p.27 [몸판과 안감의 어깨선을 박는다] 3과 같은 방법으로 하고 시접을 벌린다.

소매를 단다

1

소맷부리에 접음선을 만든다.

※ p.28 [소매를 단다] 1 참조

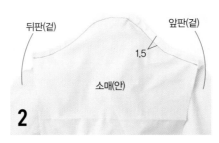

2

앞·뒤 몸판과 소매를 겉끼리 맞대고 맞춤표시를 맞춰서 박는다.

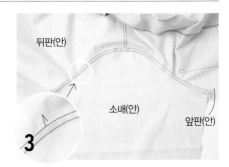

3

몸판의 시접을 0.5cm 남기고 자른다. 소매의 시접으로 감싸고 몸판쪽으로 넘겨서 박는다.

※ p.35 [몸판과 안감의 어깨선을 박는다]의 2,3참조

Point 시접으로 감싸서 몸판쪽으로 넘길 때는 둥글게 만 수건을 아래에 놓고 입체적인 어깨곡선에 맞춰 다림질을 하면 좋다.

소매 옆선~몸판 옆선을 박는다, 밑단과 소맷부리, 안감의 가장자리를 박는다

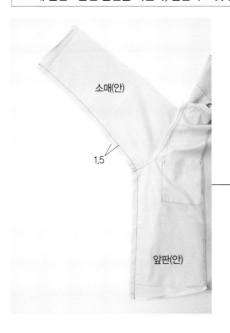

1

몸판·소매를 각각 겉끼리 맞대고 밑단과 소맷부리의 접음선을 펼쳐서 소맷부리~밑단까지 박는다. 뒤판의 시접을 0.5cm 남기고 자른다. 앞판의 시접으로 감싸고 뒤판쪽으로 넘겨서 박는다.

Point 반드시 소맷부리쪽부터 박는다.

2

뒤판의 밑단과 소맷부리를 두 번 접어 박고, 안감을 박는다.

※ p.28의 [밑단과 소맷부리를 박는다] **1, 2** 참조, p.29 [안감의 가장자리를 박는다] 참조. **J**의 밑단은 0.7 → 0.8cm로 두 번 접어 박고 p.44 [K·M 밑단을 박고 소매 옆선~ 몸판 옆선을 박는다] ④와 같은 방법으로 트임 끝을 박음질한다.

쌈솔과 통솔로 바지 가장자리 처리하기

주머니를 단다

p.26 [주머니를 단다] 참조

※ 바지 가장자리를 꼼꼼하게 처리하기 위해 옆선은 쌈솔로, 밑위는 통솔로 처리한다. 통솔은 안끼리 맞대어 박고 쌈솔은 겉끼리 맞대고 박는다.

옆선을 박는다

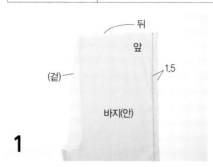

1 쌈솔을 한다. 앞쪽과 뒤쪽의 옆선을 겉끼리 맞대고 옆선을 박는다.

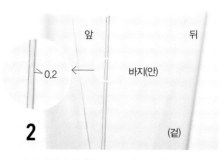

2 바지 뒤쪽의 시접을 0.5cm 남기고 자른다. 바지 앞쪽의 시접으로 감싸고 바지 뒤쪽으로 넘겨서 박는다.

※ p.35의 [몸판과 안감의 어깨선을 박는다] **2**, **3** 참조

밑위를 박는다

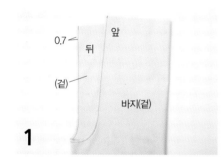

1 통솔을 한다. p.30 [밑위를 박는다] **1**, **2**를 참조해서 2장을 안끼리 맞대고 밑위를 박는다. 고무줄 끼우는 구멍은 만들지 않고 끝에서 끝까지 박는다.

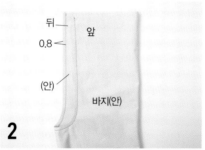

2 2장을 겉끼리 맞닿도록 뒤집고 밑위를 솔기가 겹치게 2번 박는다.

허리선을 박고 납작고무줄을 끼운다. 밑단을 박는다

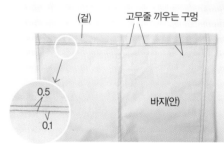

허리선을 1cm → 3cm로 두 번 접고 고무줄 끼우는 구멍을 남기고 2줄로 박는다. 고무줄 끼우는 구멍으로 납작고무줄을 끼워 한바퀴 돌리고 양끝을 겹쳐서 박는다. 밑단을 두 번 접어 박는다.

※ p.30 [허리선을 박고, 납작고무줄을 끼운다] **2**, **3** [밑단을 박는다] 참조

파이핑하는 법

주머니   ※ [주머니를 단다] 1의 단계에서 작업한다. 사각형 · 오각형 · 둥근바닥 모두 동일

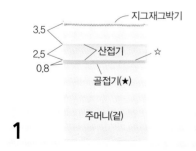

1 주머니입구 쪽의 가장자리에 지그재그박기를 한다. 지정한대로 접음선 3줄을 만든다.

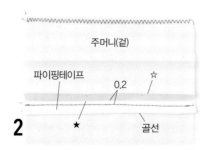

2 ★과 파이핑테이프의 끝을 맞대고 박아 임시로 고정한다.

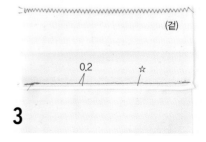

3 ★과 ☆의 위치에서 맞주름을 잡고 테이프를 끼워서 박는다.

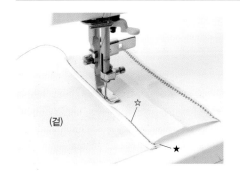

Point 테이프를 끼워서 박을 때는 노루발을 외노루발로 바꿔서 박는다.

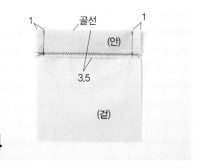

4 주머니입구에서 겉끼리 맞대고 한번 접어서 양 끝을 박는다.

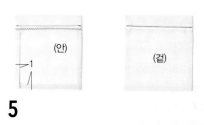

5 주머니입구를 겉으로 뒤집어서 바닥과 좌우를 1cm 간격으로 접어 다림질한다. **3**에서 박았던 라인을 한 번 더 박는다.

※ 둥근바닥의 경우는 p.26 [주머니를 단다] 〈둥근바닥〉 **1**, **2** 참조

| 상의 앞가장자리 | ※ 몸판의 어깨선을 박기 전에 작업한다. |

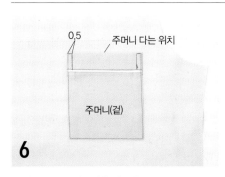

6 주머니 다는 위치에 박음질한다.

※ p.26 [주머니를 단다] **2** 참조

1 앞판의 겉쪽에 파이핑테이프를 올리고 박아서 임시로 고정한다.(**Point** 참조)

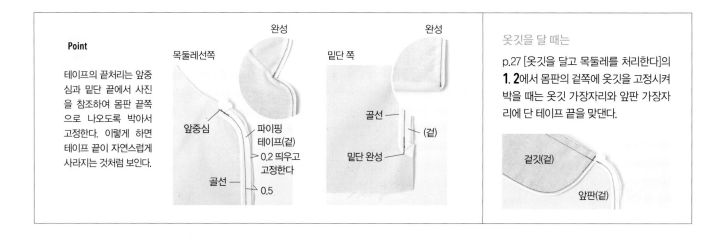

Point

테이프의 끝처리는 앞중심과 밑단 끝에서 사진을 참조하여 몸판 끝쪽으로 나오도록 박아서 고정한다. 이렇게 하면 테이프 끝이 자연스럽게 사라지는 것처럼 보인다.

옷깃을 달 때는

p.27 [옷깃을 달고 목둘레를 처리한다]의 **1**, **2**에서 몸판의 겉쪽에 옷깃을 고정시켜 박을 때는 옷깃 가장자리와 앞판 가장자리에 단 테이프 끝을 맞댄다.

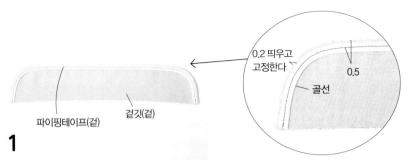

1

겉깃의 겉쪽에 파이핑테이프를 올리고 박아서 임시
로 고정한다.

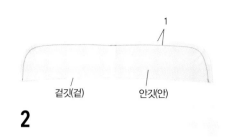

2

안깃을 겉깃끼리 맞대고 테이프를 끼워서 박는다.

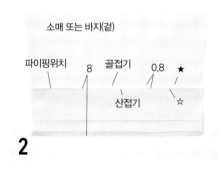

3

겉으로 뒤집어 몸판에 붙일 위치를 제외하고 나머지
부분을 박는다.

소맷부리 · 바지 밑단

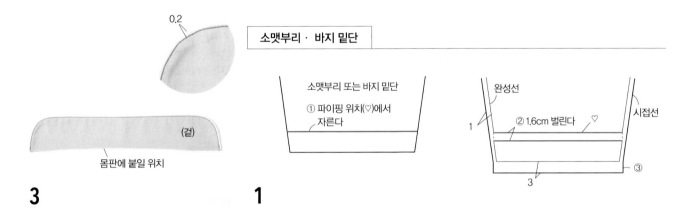

1

① 실물크기 옷본을 옮겨 그린 다음, 파이핑 위치에서 한 번 자른다.
② 시접부분(1.6cm)을 벌린다.
③ 시접선을 그리고 옷본을 만든다. 옷본을 따라 옷감을 마름질한다.

※ p.34 [옷본 보정하는 법] 참조

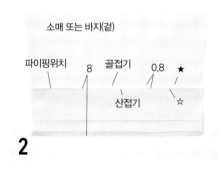

2

지정한대로 접음선을 2줄 만든다.

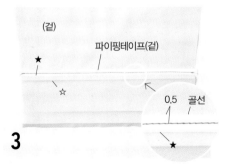

3

★과 파이핑테이프의 끝을 맞대고 박아서 임시로 고
정한다.

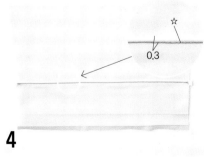

4

★과 ☆의 위치에서 맞주름을 잡고 테이프를 끼워
서 박는다.

Point 테이프를 끼워서 박을 때는 노루발을 외노루발
로 바꾼다.

E (상의), I・M (바지) 주머니를 달면서 옆선을 박는다

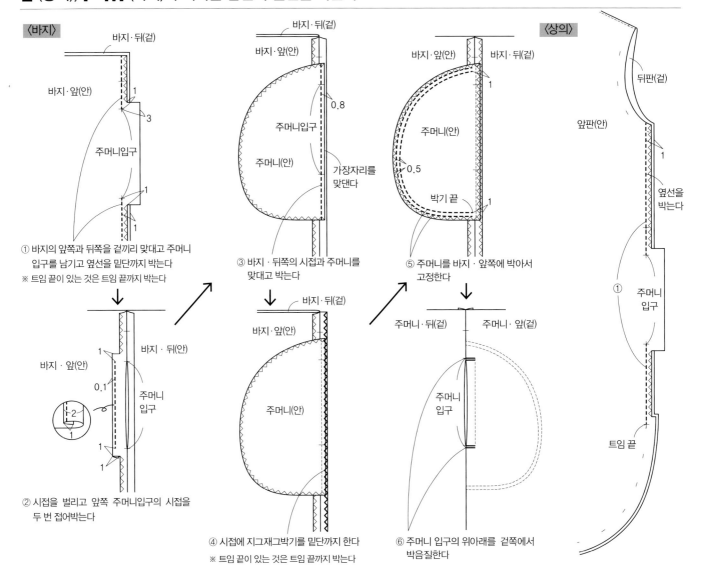

① 바지의 앞쪽과 뒤쪽을 겉끼리 맞대고 주머니
입구를 남기고 옆선을 밑단까지 박는다

※ 트임 끝이 있는 것은 트임 끝까지 박는다

② 시접을 벌리고 앞쪽 주머니입구의 시접을
두 번 접어박는다

③ 바지・뒤쪽의 시접과 주머니를
맞대고 박는다

④ 시접에 지그재그박기를 밑단까지 한다

※ 트임 끝이 있는 것은 트임 끝까지 박는다

⑤ 주머니를 바지・앞쪽에 박아서
고정한다

⑥ 주머니 입구의 위아래를 겉쪽에서
박음질한다

L 주머니를 달면서 옆선을 박는다

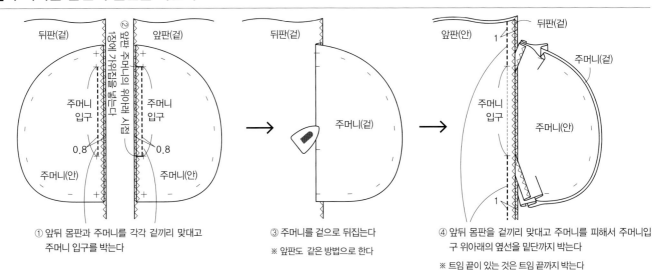

① 앞뒤 몸판과 주머니를 각각 겉끼리 맞대고
주머니 입구를 박는다

③ 주머니를 겉으로 뒤집는다

※ 앞판도 같은 방법으로 한다

④ 앞뒤 몸판을 겉끼리 맞대고 주머니를 피해서 주머니입
구 위아래의 옆선을 밑단까지 박는다

※ 트임 끝이 있는 것은 트임 끝까지 박는다

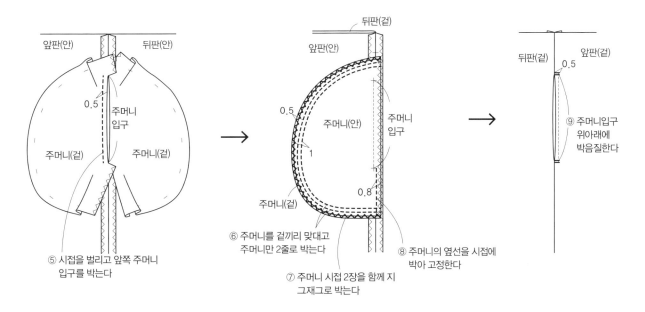

⑤ 시접을 벌리고 앞쪽 주머니 입구를 박는다

⑥ 주머니를 겉끼리 맞대고 주머니만 2줄로 박는다

⑦ 주머니 시접 2장을 함께 지 그재그로 박는다

⑧ 주머니의 옆선을 시접에 박아 고정한다

⑨ 주머니입구 위아래에 박음질한다

E·M 단추집덧단을 만든다

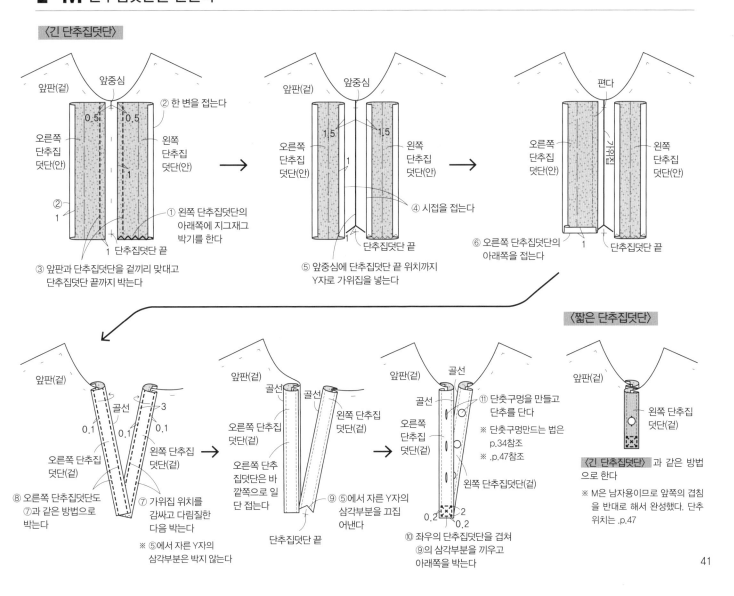

〈긴 단추집덧단〉

앞판(겉)　앞중심
오른쪽 단추집 덧단(안)　　왼쪽 단추집 덧단(안)
0.5　0.5
1
② 한 변을 접는다
① 왼쪽 단추집덧단의 아래쪽에 지그재그 박기를 한다
②
1
1 단추집덧단 끝
③ 앞판과 단추집덧단을 겉끼리 맞대고 단추집덧단 끝까지 박는다

앞판(겉)　앞중심
오른쪽 단추집 덧단(안)　　왼쪽 단추집 덧단(안)
1.5　1.5
1
④ 시접을 접는다
1　단추집덧단 끝
⑤ 앞중심에 단추집덧단 끝 위치까지 Y자로 가위집을 넣는다

편다
오른쪽 단추집 덧단(안)　　왼쪽 단추집 덧단(안)
가위집
1　단추집덧단 끝
⑥ 오른쪽 단추집덧단의 아래쪽을 접는다

〈짧은 단추집덧단〉

앞판(겉)
골선　3
0.1　0.1　0.1
오른쪽 단추집 덧단(겉)　　왼쪽 단추집 덧단(겉)
⑧ 오른쪽 단추집덧단도 ⑦과 같은 방법으로 박는다
⑦ 가위집 위치를 감싸고 다림질한 다음 박는다
※ ⑤에서 자른 Y자의 삼각부분은 박지 않는다

앞판(겉)
골선　골선
오른쪽 단추집 덧단(겉)　　왼쪽 단추집 덧단(겉)
오른쪽 단추집덧단은 바깥쪽으로 일단 접는다
⑨ ⑤에서 자른 Y자의 삼각부분을 끄집 어낸다
단추집덧단 끝

앞판(겉)　골선
골선
오른쪽 단추집 덧단(겉)　　왼쪽 단추집 덧단(겉)
⑪ 단춧구멍을 만들고 단추를 단다
※ 단춧구멍만드는 법은 p.34참조
※ .p.47참조
⑩ 좌우의 단추집덧단을 겹쳐 ⑨의 삼각부분을 끼우고 아래쪽을 박는다
0.2　2
0.2

앞판(겉)
왼쪽 단추집 덧단(겉)
〈긴 단추집덧단〉과 같은 방법으로 한다
※ M은 남자용이므로 앞쪽의 겹침을 반대로 해서 완성했다. 단추 위치는 .p.47

G 목둘레를 처리한다

〈보트넥〉

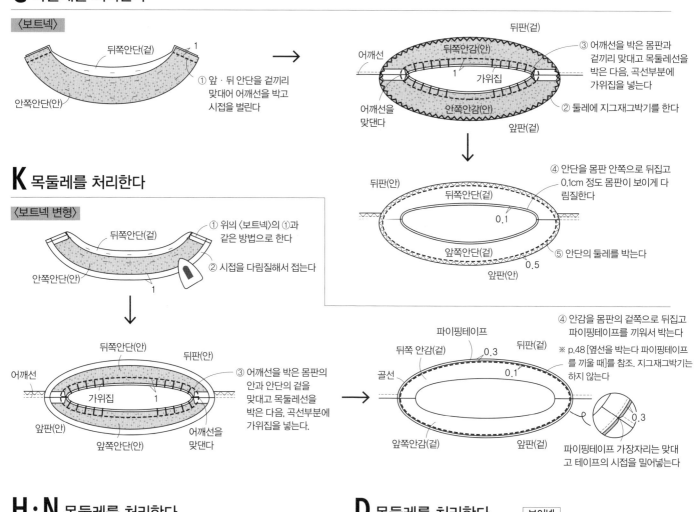

뒤쪽안단(겉)   1

안쪽안단(안)   뒤쪽안단(겉)

① 앞·뒤 안단을 겉끼리 맞대어 어깨선을 박고 시접을 벌린다

어깨선   뒤쪽안감(안)   뒤판(겉)

어깨선을 맞댄다   1   가위집

안쪽안감(안)   앞판(겉)

③ 어깨선을 박은 몸판과 겉끼리 맞대고 목둘레선을 박은 다음, 곡선부분에 가위집을 넣는다

② 둘레에 지그재그박기를 한다

뒤판(안)   뒤쪽안단(겉)   0.1

앞쪽안단(겉)   0.5   앞판(안)

④ 안단을 몸판 안쪽으로 뒤집고 0.1cm 정도 몸판이 보이게 다림질한다

⑤ 안단의 둘레를 박는다

K 목둘레를 처리한다

〈보트넥 변형〉

뒤쪽안단(겉)

안쪽안단(안)   1

① 위의 〈보트넥〉의 ①과 같은 방법으로 한다

② 시접을 다림질해서 접는다

어깨선   뒤쪽안단(안)   뒤판(안)   뒤쪽 안감(겉)   파이핑테이프   뒤판(겉)

가위집   1   0.3   0.1

앞판(안)   어깨선을   골선   앞쪽안감(겉)   앞판(겉)

앞쪽안단(안)   맞댄다

③ 어깨선을 박은 몸판의 안과 안단의 겉을 맞대고 목둘레선을 박은 다음, 곡선부분에 가위집을 넣는다.

④ 안감을 몸판의 겉쪽으로 뒤집고 파이핑테이프를 끼워서 박는다

※ p.48 [옆선을 박는다 파이핑테이프를 끼울 때]를 참조. 지그재그박기는 하지 않는다

0.3

파이핑테이프 가장자리는 맞대고 테이프의 시접을 밀어넣는다

H·N 목둘레를 처리한다

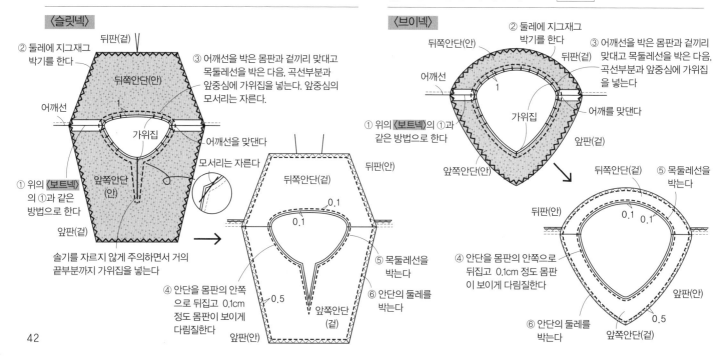

〈슬릿넥〉

② 둘레에 지그재그박기를 한다

뒤판(겉)

뒤쪽안단(안)

어깨선   1   가위집

어깨선을 맞댄다

앞쪽안단(안)

① 위의 〈보트넥〉의 ①과 같은 방법으로 한다

앞판(겉)

③ 어깨선을 박은 몸판과 겉끼리 맞대고 목둘레선을 박은 다음, 곡선부분과 앞중심에 가위집을 넣는다. 앞중심의 모서리는 자른다.

모서리는 자른다

솔기를 자르지 않게 주의하면서 거의 끝부분까지 가위집을 넣는다

뒤쪽안단(겉)

0.1   0.1

⑤ 목둘레선을 박는다

⑥ 안단의 둘레를 박는다

④ 안단을 몸판의 안쪽으로 뒤집고 0.1cm 정도 몸판이 보이게 다림질한다

0.5   앞쪽안단(겉)

앞판(안)

D 목둘레를 처리한다   브이넥

〈브이넥〉

② 둘레에 지그재그 박기를 한다

뒤쪽안단(안)   뒤판(겉)

어깨선   1

가위집

① 위의 〈보트넥〉의 ①과 같은 방법으로 한다

앞쪽안단(안)

앞판(겉)

③ 어깨선을 박은 몸판과 겉끼리 맞대고 목둘레선을 박은 다음, 곡선부분과 앞중심에 가위집을 넣는다

어깨를 맞댄다

뒤판(안)   뒤쪽안단(겉)

0.1   0.1

⑤ 목둘레선을 박는다

④ 안단을 몸판의 안쪽으로 뒤집고 0.1cm 정도 몸판이 보이게 다림질한다

0.5   앞판(안)

⑥ 안단의 둘레를 박는다

앞쪽안단(겉)

B·C·J·O 옷깃을 만든다

〈셔츠칼라·오픈칼라 둥근 모양〉

① 겉·안깃을 겉끼리 맞대고 박는다

안깃(겉)
겉깃(안)
1   0.5

② 시접을 0.5cm
남기고 자른다

0.5
겉깃(겉)
안깃(겉)

③ 겉으로 뒤집어 다림질한 다음 박는다

L 옷깃을 만든다

〈스탠드칼라〉

① 옷깃 2장을 겉끼리
맞대고 박는다

옷깃(겉)
1   옷깃(안)   0.5

② 시접을 0.5cm 남기고
자른다

옷깃(안)
0.1
옷깃(겉)

③ 겉으로 뒤집어 다림질한
다음 박는다

E·M 옷깃을 만든다

〈밴드칼라〉

③ 시접은 0.5cm
남기고 자른다

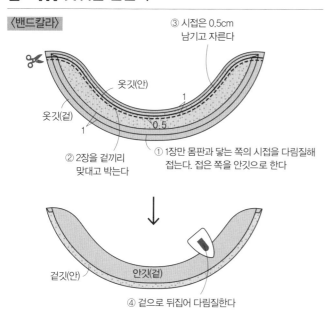

옷깃(안)
옷깃(겉)
1
1   0.5

② 2장을 겉끼리
맞대고 박는다

① 1장만 몸판과 닿는 쪽의 시접을 다림질해
접는다. 접은 쪽을 안깃으로 한다

겉깃(안)
안깃(겉)

④ 겉으로 뒤집어 다림질한다

E·M 옷깃을 단다

〈밴드칼라〉

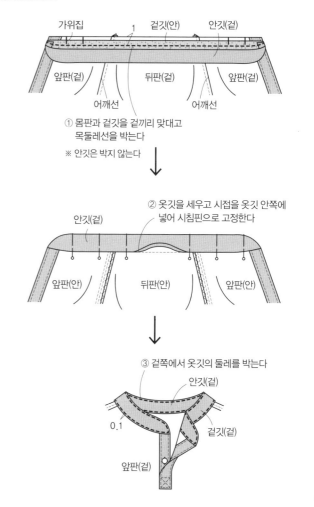

가위집   1   겉깃(안)   안깃(겉)

앞판(겉)   뒤판(겉)   앞판(겉)
어깨선   어깨선

① 몸판과 겉깃을 겉끼리 맞대고
목둘레선을 박는다

※ 안깃은 박지 않는다

② 옷깃을 세우고 시접을 옷깃 안쪽에
넣어 시침핀으로 고정한다

안깃(겉)
앞판(안)   뒤판(안)   앞판(안)

③ 겉쪽에서 옷깃의 둘레를 박는다

안깃(겉)
0.1
겉깃(겉)
앞판(겉)

B·C 옷깃을 달고 목둘레를 처리한다

〈앞트임·앞직선·오픈칼라 둥근 모양〉

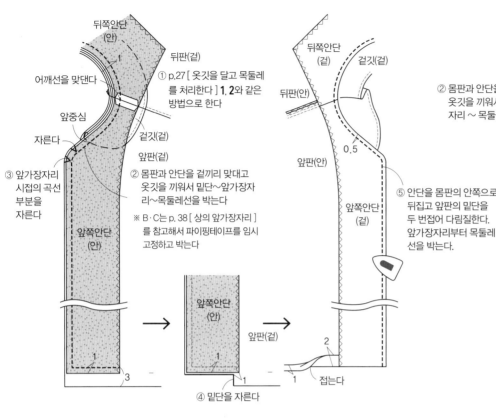

뒤쪽안단
(안)

뒤판(겉)

어깨선을 맞댄다

① p.27 [옷깃을 달고 목둘레
를 처리한다] 1, 2와 같은
방법으로 한다

앞중심

겉깃(겉)

자른다

앞판(겉)

③ 앞가장자리
시접의 곡선
부분을
자른다

② 몸판과 안단을 겉끼리 맞대고
옷깃을 끼워서 밑단~앞가장자
리~목둘레선을 박는다

앞쪽안단
(안)

※ B·C는 p. 38 [상의 앞가장자리]
를 참고해서 파이핑테이프를 임시
고정하고 박는다

앞쪽안단
(안)

앞판(겉)

1

3

1

④ 밑단을 자른다

뒤쪽안단
(겉)

겉깃(겉)

뒤판(안)

0.5

앞판(안)

앞쪽안단
(겉)

⑤ 안단을 몸판의 안쪽으로
뒤집고 앞판의 밑단을
두 번접어 다림질한다.
앞가장자리부터 목둘레
선을 박는다.

2

1

접는다

K·M 밑단을 박고 소매 옆선~몸판 옆선을 박는다

〈앞트임 없음·옆주머니 없음·곡선 앞뒤 같음〉

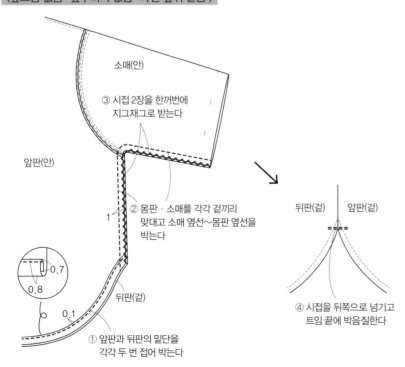

소매(안)

③ 시접 2장을 한꺼번에
지그재그로 받는다

앞판(안)

② 몸판·소매를 각각 겉끼리
맞대고 소매 옆선~몸판 옆선을
박는다

1

0.7

0.8

뒤판(겉)

0.1

① 앞판과 뒤판의 밑단을
각각 두 번 접어 박는다

뒤판(겉)   앞판(겉)

④ 시접을 뒤쪽으로 넘기고
트임 끝에 박음질한다

L 옷깃을 달고 목둘레를 처리한다

〈앞트임·앞직선·스탠드칼라〉

뒤쪽안단
(안)

뒤판(겉)

안깃(겉)

어깨를 맞댄다

② 몸판과 안단을 겉끼리 맞대고
옷깃을 끼워서 밑단 ~ 앞가장
자리 ~ 목둘레선을 박는다

자른다

앞중심

① p.27 [옷깃을 달고 목
둘레를 처리한다] 1, 2
와 같은 방법으로 한다

※ 안깃과 안단을 맞댄다

앞쪽안단
(안)

앞판(겉)

1

1.5

1

③ 밑단을 자른다

뒤쪽안단(겉)

뒤판(안)

0.1

안깃(겉)

⑤ 목둘레선을
박는다

앞중심

0.5

0.5

④ 안단을 몸판 안쪽으로 뒤집고 앞판의
밑단을 두 번 접어 다림질한 다음 앞
가장자리~앞중심까지 박는다

앞판(안)

앞쪽안단
(겉)

0.8

0.7

E·L 소매 옆선을 박는다

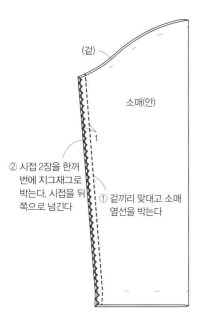

(겉)

소매(안)

② 시접 2장을 한꺼번에 지그재그로 박는다. 시접을 뒤쪽으로 넘긴다

① 겉끼리 맞대고 소매 옆선을 박는다

1

E·L 소매를 단다

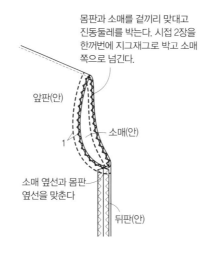

몸판과 소매를 겉끼리 맞대고 진동둘레를 박는다. 시접 2장을 한꺼번에 지그재그로 박고 소매 쪽으로 넘긴다.

앞판(안)

소매(안)

1

소매 옆선과 몸판 옆선을 맞춘다

뒤판(안)

G 밑단을 박는다

〈앞트임 없음·옆주머니 없음·직선 앞뒤 같음〉

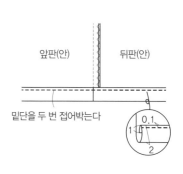

앞판(안)   뒤판(안)

밑단을 두 번 접어박는다

0.1

1

2

E·L 밑단을 박는다

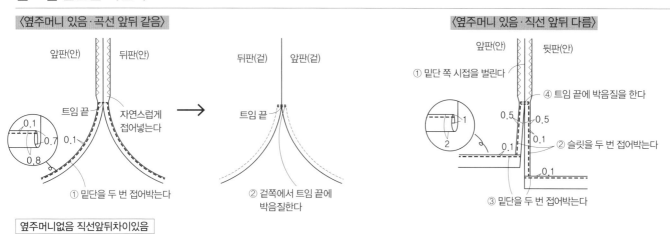

〈옆주머니 있음·곡선 앞뒤 같음〉

앞판(안)   뒤판(안)

트임 끝   자연스럽게 접어넣는다

0.1

0.7

0.1

0.8

① 밑단을 두 번 접어박는다

뒤판(겉)   앞판(겉)

트임 끝

② 겉쪽에서 트임 끝에 박음질한다

〈옆주머니 있음·직선 앞뒤 다름〉

앞판(안)   뒷판(안)

① 밑단 쪽 시접을 벌린다

④ 트임 끝에 박음질을 한다

1

2

0.5

0.5

0.1

0.1

② 슬릿을 두 번 접어박는다

0.1

③ 밑단을 두 번 접어박는다

옆주머니없음 직선앞뒤차이있음

H·I·N 밑슬릿 · 밑단을 박는다

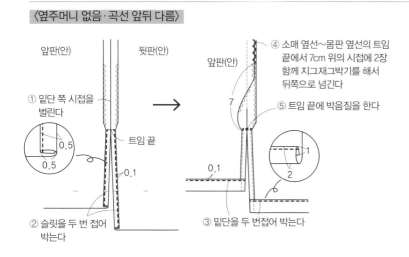

〈옆주머니 없음·곡선 앞뒤 다름〉

앞판(안)   뒷판(안)

① 밑단 쪽 시접을 벌린다

트임 끝

0.5

0.5

0.1

② 슬릿을 두 번 접어 박는다

앞판(안)

④ 소매 옆선~몸판 옆선의 트임 끝에서 7cm 위의 시접에 2장 함께 지그재그박기를 해서 뒤쪽으로 넘긴다

⑤ 트임 끝에 박음질을 한다

7

1

2

0.1

③ 밑단을 두 번접어 박는다

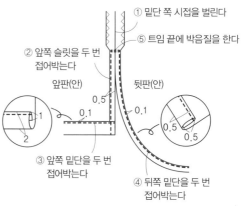

〈옆주머니 있음·직선 x 곡선 앞뒤 다름〉

① 밑단 쪽 시접을 벌린다

⑤ 트임 끝에 박음질을 한다

② 앞쪽 슬릿을 두 번 접어박는다

앞판(안)   뒷판(안)

1

2

0.5

0.1

0.1

0.5

0.5

③ 앞쪽 밑단을 두 번 접어박는다

④ 뒤쪽 밑단을 두 번 접어박는다

D·O 소매 옆선~몸판 옆선을 박고 슬릿 · 밑단을 박는다

〈옆주머니 없음·직선 x 곡선 앞뒤 다름 〉

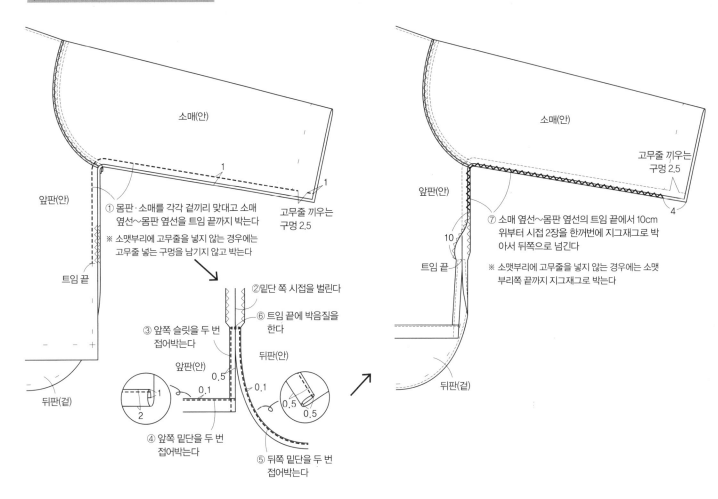

소매(안)

1

소매(안)

앞판(안)

고무줄 끼우는
구멍 2.5

① 몸판·소매를 각각 겉끼리 맞대고 소매
옆선~몸판 옆선을 트임 끝까지 박는다

※ 소맷부리에 고무줄을 넣지 않는 경우에는
고무줄 넣는 구멍을 남기지 않고 박는다

트임 끝

뒤판(겉)

② 밑단 쪽 시접을 벌린다

⑥ 트임 끝에 박음질을
한다

③ 앞쪽 슬릿을 두 번
접어박는다

앞판(안)

0.5

0.1

1

2

④ 앞쪽 밑단을 두 번
접어박는다

0.1

뒤판(안)

0.5

0.5

0.5

⑤ 뒤쪽 밑단을 두 번
접어박는다

소매(안)

고무줄 끼우는
구멍 2.5

4

앞판(안)

10

트임 끝

⑦ 소매 옆선~몸판 옆선의 트임 끝에서 10cm
위부터 시접 2장을 한꺼번에 지그재그로 박
아서 뒤쪽으로 넘긴다

※ 소맷부리에 고무줄을 넣지 않는 경우에는 소맷
부리쪽 끝까지 지그재그로 박는다

뒤판(겉)

D 소맷부리를 박고 납작고무줄을 끼운다

〈긴소매 x 고무줄 〉

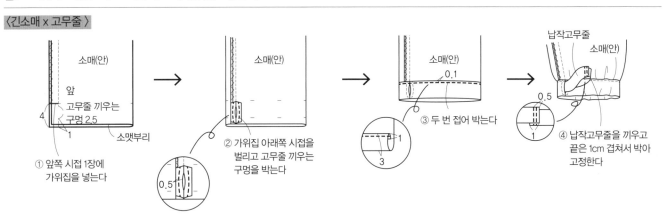

소매(안)

앞

고무줄 끼우는
구멍 2.5

4

1

소맷부리

① 앞쪽 시접 1장에
가위집을 넣는다

소매(안)

0.5

② 가위집 아래쪽 시접을
벌리고 고무줄 끼우는
구멍을 박는다

소매(안)

0.1

1

3

③ 두 번 접어 박는다

납작고무줄

소매(안)

0.5

1

④ 납작고무줄을 끼우고
끝은 1cm 겹쳐서 박아
고정한다

A·B·C·E·F·I·J·L·M·O 단추를 단다

단춧구멍 만드는 법은 p.34

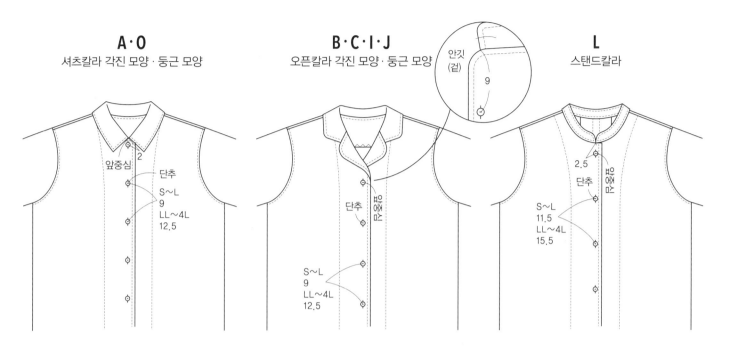

A·O
셔츠칼라 각진 모양·둥근 모양

2
앞중심
단추
S~L
9
LL~4L
12.5

B·C·I·J
오픈칼라 각진 모양·둥근 모양

안깃
(겉)
9

단추
앞중심

S~L
9
LL~4L
12.5

L
스탠드칼라

2.5
단추
앞중심

S~L
11.5
LL~4L
15.5

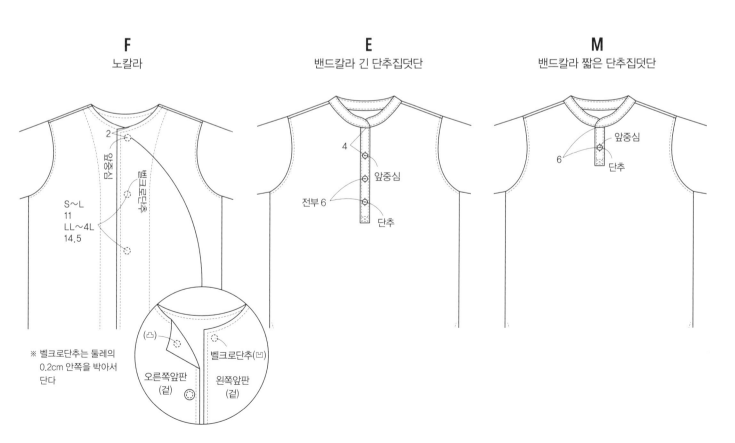

F
노칼라

2
앞중심
벨크로단추

S~L
11
LL~4L
14.5

※ 벨크로단추는 둘레의
0.2cm 안쪽을 박아서
단다

(凸)
벨크로단추(凹)
오른쪽앞판
(겉)
왼쪽앞판
(겉)

E
밴드칼라 긴 단추집덧단

4
앞중심
전부 6
단추

M
밴드칼라 짧은 단추집덧단

앞중심
6
단추

B·C·D·F·G·H·J·K 옆선을 박는다

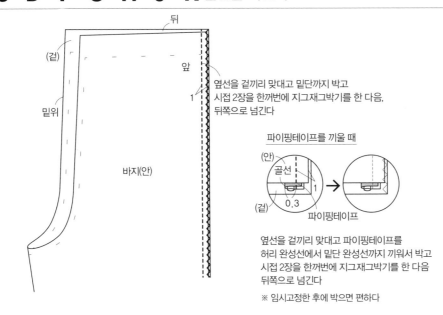

뒤

(겉)

앞

밑위

바지(안)

1

옆선을 겉끼리 맞대고 밑단까지 박고
시접 2장을 한꺼번에 지그재그박기를 한 다음,
뒤쪽으로 넘긴다

__파이핑테이프를 끼울 때__

(안)
골선
(겉)   0.3   1
파이핑테이프

옆선을 겉끼리 맞대고 파이핑테이프를
허리 완성선에서 밑단 완성선까지 끼워서 박고
시접 2장을 한꺼번에 지그재그박기를 한 다음
뒤쪽으로 넘긴다

※ 임시고정한 후에 박으면 편하다

C·F·I·N 앞트임을 만들면서 밑위를 박는다

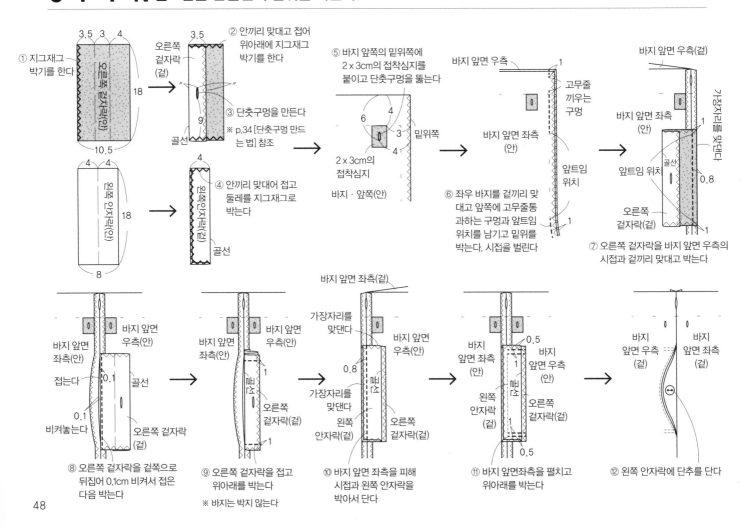

① 지그재그
박기를 한다

3.5 3 4

오른쪽 겉자락(안)

18

10.5

4 4

왼쪽 안자락(안)

18

8

오른쪽
겉자락
(겉)

3.5

9

골선

② 안끼리 맞대고 접어
위아래에 지그재그
박기를 한다

③ 단춧구멍을 만든다

※ p.34 [단춧구멍 만드
는 법] 참조

4

왼쪽안자락(겉)

골선

④ 안끼리 맞대어 접고
둘레를 지그재그로
박는다

⑤ 바지 앞쪽의 밑위쪽에
2 x 3cm의 접착심지를
붙이고 단춧구멍을 뚫는다

6 4 3 4

밑위쪽

2 x 3cm의
접착심지

바지·앞쪽(안)

바지 앞면 우측

1

고무줄
끼우는
구멍

바지 앞면 좌측
(안)

앞트임
위치

1

⑥ 좌우 바지를 겉끼리 맞
대고 앞쪽에 고무줄통
과하는 구멍과 앞트임
위치를 남기고 밑위를
박는다. 시접을 벌린다

바지 앞면 우측(겉)

가장자리를 맞댄다

바지 앞면 좌측
(안)

앞트임 위치

골선

0.8

오른쪽
겉자락(겉)

⑦ 오른쪽 겉자락을 바지 앞면 우측의
시접과 겉끼리 맞대고 박는다

바지 앞면
좌측(안)

접는다

0.1

골선

0.1

비켜놓는다

오른쪽 겉자락
(겉)

⑧ 오른쪽 겉자락을 겉쪽으로
뒤집어 0.1cm 비켜서 접은
다음 박는다

바지 앞면
우측(안)

오른쪽
겉자락(겉)

1

⑨ 오른쪽 겉자락을 접고
위아래를 박는다

※ 바지는 박지 않는다

바지 앞면 좌측(겉)

가장자리를
맞댄다

0.8

가장자리를
맞댄다

왼쪽
안자락(겉)

바지
앞면
우측(안)

오른쪽
겉자락(겉)

⑩ 바지 앞면 좌측을 피해
시접과 왼쪽 안자락을
박아서 단다

바지
앞면 좌측
(안)

왼쪽
안자락
(겉)

1

0.5

1

바지
앞면 우측
(안)

오른쪽
겉자락(겉)

0.5

⑪ 바지 앞면좌측을 펼치고
위아래를 박는다

바지
앞면 우측
(겉)

바지
앞면 좌측
(겉)

⑫ 왼쪽 안자락에 단추를 단다

C·F·I·M·N 허리선을 박고 납작고무줄과 끈을 끼운다

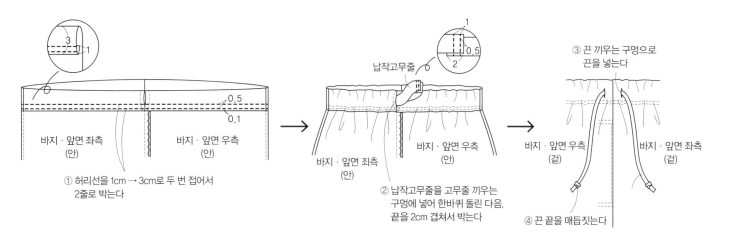

① 허리선을 1cm → 3cm로 두 번 접어서 2줄로 박는다

바지 · 앞면 좌측 (안)
바지 · 앞면 우측 (안)
0.5
0.1

3
1

1
0.5
2

납작고무줄

② 납작고무줄을 고무줄 끼우는 구멍에 넣어 한바퀴 돌린 다음, 끝을 2cm 겹쳐서 박는다

바지 · 앞면 좌측 (안)
바지 · 앞면 우측 (안)

③ 끈 끼우는 구멍으로 끈을 넣는다

바지 · 앞면 우측 (겉)
바지 · 앞면 좌측 (겉)

④ 끈 끝을 매듭짓는다

M 바지 밑단과 시보리를 박는다

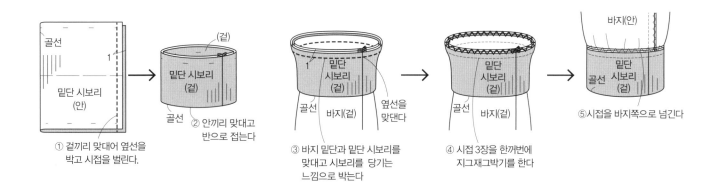

골선
밑단 시보리 (안)
1

① 겉끼리 맞대어 옆선을 박고 시접을 벌린다.

(겉)
밑단 시보리 (겉)
골선

② 안끼리 맞대고 반으로 접는다

1
밑단 시보리 (겉)
골선
바지(겉)
옆선을 맞댄다

③ 바지 밑단과 밑단 시보리를 맞대고 시보리를 당기는 느낌으로 박는다

밑단 시보리 (겉)
골선
바지(겉)

④ 시접 3장을 한꺼번에 지그재그박기를 한다

바지(안)
밑단 시보리 (겉)
골선

⑤시접을 바지쪽으로 넘긴다

A
Photo p.**6**

● **재료** ※ 왼쪽부터 S ~ L / LL ~ 4L
· 면(코튼스트라이프) 110cm 폭
〈상의만 만들 때 220 / 240cm, 바지만 만들 때 230 / 250cm〉

· 접착심지 70 x 110cm
· 2cm 폭의 납작고무줄 65~85cm
· 지름 1.5cm 단추 5개

● **옷감을 마름질하는 법** ※단위는 cm

※ [░] 는 옷감의 안쪽에 접착심지를 붙인다
※정해진 것 이외의 시접은 1cm

● **실물크기 옷본**

〈 상의 〉
[A면] ① 앞판(기본 직선) ⑬ 앞쪽안감(기본) ⑨ 긴소매 ⑥ 밑단 사각형
주머니
[B면] ⑮ 뒤판(기본 직선) ㉕ 뒤쪽안감 ⑲ 겉깃 · 안깃
〈 바지 〉
[B면] ⑯ 바지(풀길이) ⑱ 옆주머니

● **완성치수** ※왼쪽부터 S / M / L / LL / 3L / 4L
가슴둘레 = 111 / 116 / 121 / 126 / 131 / 136cm
전체길이 = 63 / 65 / 67 / 77 / 79 / 81cm
허리 = 99 / 103 / 107 / 112 / 117 / 122cm
엉덩이 = 100.5 / 104.5 / 108.5 / 113 / 117.5 / 122cm
바지길이 = 100 / 101 / 102.2 / 106.3 / 107.4 / 108.5cm

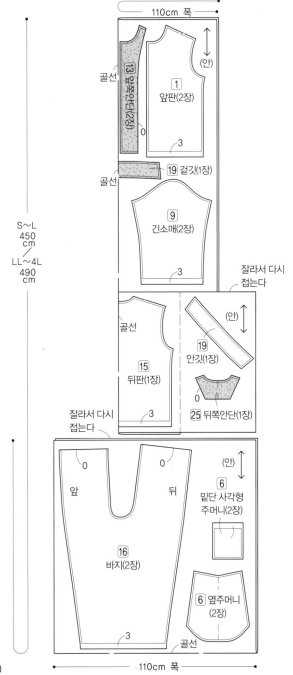

● **만드는 순서**

〈 상의 〉

4 옷깃을 달고
목둘레를 처리한다
※ p.27 참조

3 옷깃을 만든다
※ p.27 참조

5 소매를 단다
※ p.28 참조

7

6 소매 옆선~몸판 옆선을
박는다
※ p.28 참조

9 단추를 단다
※ p.29, 47 참조

1 주머니를 단다
※ p.26의 [사각형] 참조

7 밑단과 소맷부리를 박는다
※ p.28 참조

2 몸판과 안단의 어깨
선을 박는다
※ p.26 참조

8 안단의
가장자리를
박는다
※ p.29 참조

〈 바지 〉

1 주머니를 달면서
옆선을 박는다
※ p.29 참조

2 밑위를 박는다
※ p.30 참조

3 허리선을 박은 다음,
납작고무줄을 끼운다
※ p.30 참조

4 밑단을 박는다
※ p.30 참조

B·C

Photo p. **8**

● 재료 ※왼쪽부터 S~L / LL~4L

B · 면 플란넬 125cm 폭 〈상의만 만들 때 210/240cm, 바지만 만들 때 230/250cm〉
· 지름 1.5cm 단추 5개

C · 리넨(나이트블루) 150cm 폭 〈상의만 만들 때 180/200cm, 바지만 만들 때 230/250cm〉
· 지름 1.8cm 단추 6개 · 두께 0.5cm 끈 150cm

〈공통〉 · 접착심지 70 x 110cm
· 2cm 폭의 납작고무줄 65~85cm
· 폭 10mm 파이핑테이프(B 감색/C 오프화이트) 460/500cm

● 실물크기 옷본

〈상의〉
[A면] ① 앞판(기본 직선) ⑨ 긴소매 ⑬ 앞쪽안감(기본) ⑧ 가슴 사각형 주머니
[B면] ⑮ 뒤판(기본 직선) ⑳ 겉깃·안깃 ㉕ 뒤쪽안감

〈바지〉
[A면] ③ 사각형 주머니 [B면] ⑯ 바지(풀길이)

● 완성치수 ※왼쪽부터 S / M / L / LL / 3L / 4L

가슴둘레 = 111 / 116 / 121 / 126 / 131 / 136cm
전체길이 = 63 / 65 / 67 / 77 / 79 / 81cm
허리 = 99 / 103 / 107 / 112 / 117 / 122cm
엉덩이 = 100.5 / 104.5 / 108.5 / 113 / 117.5 / 122cm
바지길이 = 100 / 101 / 102.2 / 106.3 / 107.4 / 108.5cm

● 옷감을 마름질하는 법 ※단위는 cm

※ ▦ 는 옷감의 안쪽에 접착심지를 붙인다
※ 정해진 것 이외의 시접은 1cm ※ ∧∧∧ 에는 지그재그박기를 해둔다.
※ 긴소매·바지는 p.39 [소맷부리·바지 밑단]-1을 참조하여 옷본을 만들고 옷감을 마름질한다.

● 만드는 순서

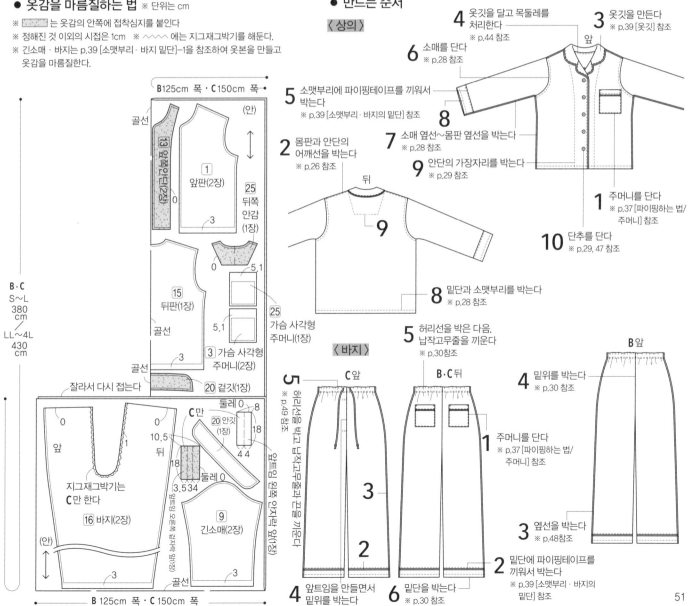

〈상의〉

4 옷깃을 달고 목둘레를 처리한다 ※p.44 참조
3 옷깃을 만든다 ※p.39 [옷깃] 참조
6 소매를 단다 ※p.28 참조
5 소맷부리에 파이핑테이프를 끼워서 박는다 ※p.39 [소맷부리·바지의 밑단] 참조
2 몸판과 안단의 어깨선을 박는다 ※p.26 참조
7 소매 옆선~몸판 옆선을 박는다 ※p.28 참조
9 안단의 가장자리를 박는다 ※p.29 참조
1 주머니를 단다 ※p.37 [파이핑하는 법/주머니] 참조
10 단추를 단다 ※p.29, 47 참조
8 밑단과 소맷부리를 박는다 ※p.28 참조

〈바지〉

5 허리선을 박은 다음, 납작고무줄을 끼운다 ※p.30참조
4 밑위를 박는다 ※p.30 참조
1 주머니를 단다 ※p.37 [파이핑하는 법/주머니] 참조
3 옆선을 박는다 ※p.48참조
2 밑단에 파이핑테이프를 끼워서 박는다 ※p.39 [소맷부리·바지의 밑단] 참조
4 앞트임을 만들면서 밑위를 박는다 ※p.48 참조
6 밑단을 박는다 ※p.30 참조

D
Photo p. **10**

● **재료** ※ 왼쪽부터 S～L / LL～4L

· 면(네이비) 110cm 폭
　〈상의만 만들 때 220/230cm, 바지만 만들 때 160/180cm〉
· 접착심지 40 x 50cm
· 2cm 폭의 납작고무줄 허리용 65～85cm
　소맷부리용 28cm 2개

● **실물크기 옷본**

〈상의〉
[A면] ① 앞판(쇼트길이 직선) ⑨ 긴소매 ⑭ 앞쪽안단
[B면] ⑮ 뒤판(기본 직선) ㉓ 뒤쪽안단

〈바지〉
[A면] ③ 사각형 주머니　[B면] ⑯ 바지(버뮤다 길이)

● **완성치수** ※왼쪽부터 S / M / L / LL / 3L / 4L
가슴둘레 = 111 / 116 / 121 / 126 / 131 / 136cm
전체길이 = 59 / 61 / 63 / 73 / 75 / 77cm
허리 = 99 / 103 / 107 / 112 / 117 / 122cm
엉덩이 = 100.5 / 104.5 / 108.5 / 113 / 117.5 / 122cm
바지길이 = 61.2 / 62.2 / 63.2 / 67.2 / 68.3 / 69.4cm

● **옷감을 마름질하는 법** ※ 단위는 cm
※ ▨ 는 옷감의 안쪽에 접착심지를 붙인다
※ 정해진 것 이외의 시접은 1cm
※ ∧∧∧ 에는 지그재그박기를 해둔다

● **만드는 순서**

〈상의〉

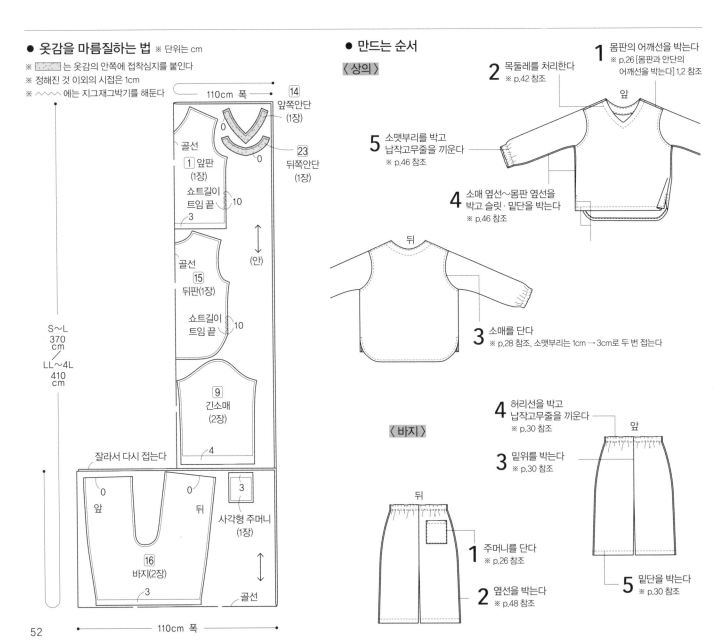

1 몸판의 어깨선을 박는다
※ p.26 [몸판과 안단의 어깨선을 박는다] 1,2 참조

2 목둘레를 처리한다
※ p.42 참조

5 소맷부리를 박고 납작고무줄을 끼운다
※ p.46 참조

4 소매 옆선～몸판 옆선을 박고 슬릿·밑단을 박는다
※ p.46 참조

3 소매를 단다
※ p.28 참조. 소맷부리는 1cm → 3cm로 두 번 접는다

〈바지〉

4 허리선을 박고 납작고무줄을 끼운다
※ p.30 참조

3 밑위를 박는다
※ p.30 참조

1 주머니를 단다
※ p.26 참조

2 옆선을 박는다
※ p.48 참조

5 밑단을 박는다
※ p.30 참조

E

Photo p. 12

● 재료 ※ 왼쪽부터 S～L / LL ～ 4L
· 리넨(스트라이프) 150cm 폭 x 190 / 350cm
· 리넨실크(무지) 70 x 45 / 70 x 50cm
· 접착심지 70 x 50cm
· 지름 1.5cm 단추 3개

● 실물크기 옷본
[A면] ② 앞판(원피스길이 곡선) ⑨ 긴소매
[B면] ⑮ 뒤판(원피스길이 곡선) ㉑ 옷깃 ⑰ 옆주머니

● 완성치수 ※왼쪽부터 S / M / L / LL / 3L / 4L
가슴둘레 = 111 / 116 / 121 / 126 / 131 / 136cm
전체길이 = 114 / 116 / 118 / 128 / 130 / 132cm

● 옷감을 마름질하는 법 ※ 단위는 cm
※ [:::::] 는 옷감의 안쪽에 접착심지를 붙인다
※ 정해진 것 이외의 시접은 1cm
※ 단추집덧단은 옷감에 직접 선을 그려 마름질한다
※ ∧∧∧ 에는 지그재그박기를 해둔다

● 만드는 순서

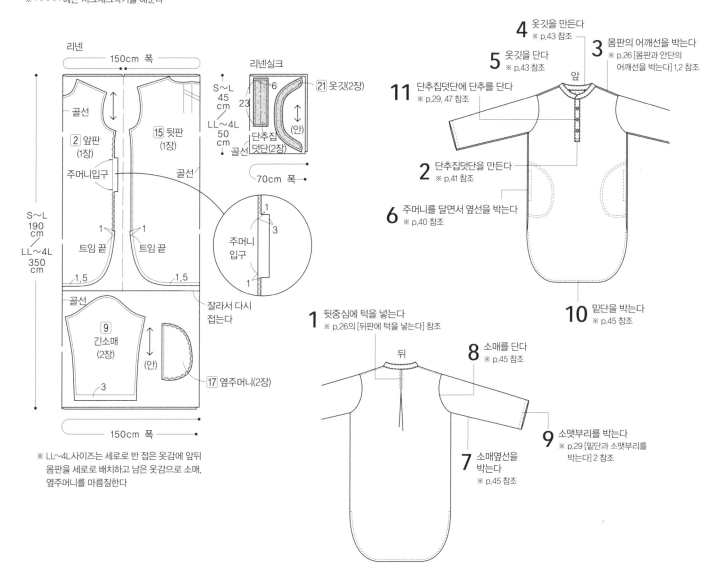

리넨

150cm 폭

골선

② 앞판
(1장)

주머니입구

골선

⑮ 뒷판
(1장)

S～L
190
cm

LL～4L
350
cm

1

트임 끝   1   트임 끝

1.5   1.5

골선

⑨
긴소매
(2장)

3

150cm 폭

리넨실크

S～L
45
cm

6

23

LL～4L
50
cm

단추집
덧단

골선

㉑ 옷깃(2장)

(안)

70cm 폭

주머니
입구

1

3

잘라서 다시
접는다

(안)

⑰ 옆주머니(2장)

※ LL～4L사이즈는 세로로 반 접은 옷감에 앞뒤
몸판을 세로로 배치하고 남은 옷감으로 소매,
옆주머니를 마름질한다

4 옷깃을 만든다
※ p.43 참조

5 옷깃을 단다
※ p.43 참조

3 몸판의 어깨선을 박는다
※ p.26 [몸판과 안단의
어깨선을 박는다] 1,2 참조

11 단추집덧단에 단추를 단다
※ p.29, 47 참조

앞

2 단추집덧단을 만든다
※ p.41 참조

6 주머니를 달면서 옆선을 박는다
※ p.40 참조

10 밑단을 박는다
※ p.45 참조

1 뒷중심에 턱을 넣는다
※ p.26의 [뒤판에 턱을 넣는다] 참조

뒤

8 소매를 단다
※ p.45 참조

7 소매옆선을
박는다
※ p.45 참조

9 소맷부리를 박는다
※ p.29 [밑단과 소맷부리를
박는다] 2 참조

● 재료 ※ 왼쪽부터 S~L / LL~4L

· 리넨(워싱된 벨기에리넨 25수 / 글라스베이지) 110cm 폭 x 450 / 490cm

  〈상의만 만들 때 220 / 240cm, 바지만 만들 때 230 / 250cm〉

· 접착심지 60 x 110cm

· 10mm 폭의 파이핑테이프(검정) 150cm

· 지름 2cm 벨크로단추 4세트

· 2cm 폭의 납작고무줄 65~85cm

· 지름 1.7cm 단추 1개

· 두께 0.5cm 끈 150cm

● 실물크기 옷본

〈상의〉

[A면] ② 앞판(기본 직선) ⑨ 긴소매 ⑫ 앞쪽안단(기본) ⑥ 밑단 둥근바닥 주머니

[B면] ⑮ 뒤판(기본 직선) ㉖ 뒤쪽안단

〈바지〉

[A면] ⑤ 둥근바닥 주머니   [B면] ⑯ 바지(풀길이)

● 완성치수 ※왼쪽부터 S / M / L / LL / 3L / 4L

가슴둘레 = 111 / 116 / 121 / 126 / 131 / 136cm

전체길이 = 62 / 64 / 66 / 76 / 78 / 80cm

허리 = 99 / 103 / 107 / 112 / 117 / 122cm

엉덩이 = 100.5 / 104.5 / 108.5 / 113 / 117.5 / 122cm

바지길이 = 100 / 101 / 102.2 / 106.3 / 107.4 / 108.5cm

● 옷감을 마름질하는 법 ※ 단위는 cm

※ ▨는 옷감의 안쪽에 접착심지를 붙인다

※ 정해진 것 이외의 시접은 1cm

※ 앞트임 오른쪽 겉자락·왼쪽 안자락은 옷감에 직접 선을 그려 마름질한다

※ ∧∧∧ 에는 지그재그박기를 해둔다

※ 긴소매는 p.39 [소맷부리·바지의 밑단]-1을 참조하여 옷본을 만들고 옷감을 마름질한다.

● 만드는 순서

〈상의〉

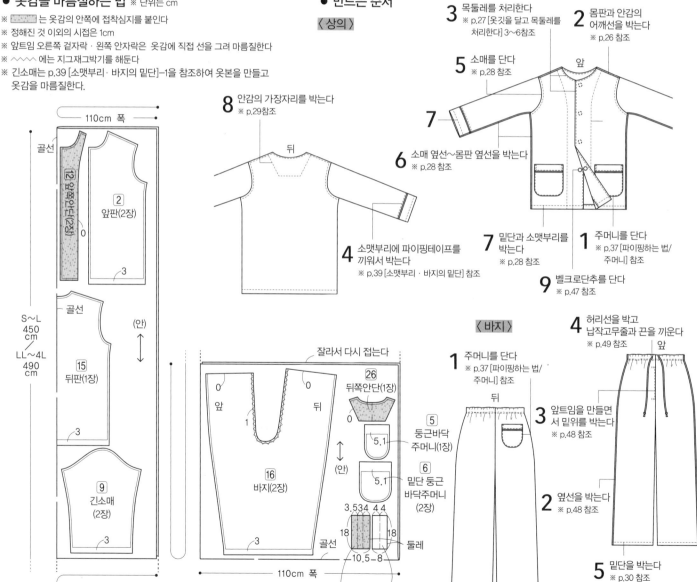

3 목둘레를 처리한다
※ p.27 [옷깃을 달고 목둘레를 처리한다] 3~6참조

2 몸판과 안감의 어깨선을 박는다
※ p.26 참조

5 소매를 단다
※ p.28 참조

6 소매 옆선~몸판 옆선을 박는다
※ p.28 참조

7 밑단과 소맷부리를 박는다
※ p.28 참조

1 주머니를 단다
※ p.37 [파이핑하는 법/주머니] 참조

9 벨크로단추를 단다
※ p.47 참조

8 안감의 가장자리를 박는다
※ p.29참조

4 소맷부리에 파이핑테이프를 끼워서 박는다
※ p.39 [소맷부리·바지의 밑단] 참조

〈바지〉

1 주머니를 단다
※ p.37 [파이핑하는 법/주머니] 참조

4 허리선을 박고 납작고무줄과 끈을 끼운다
※ p.49 참조

3 앞트임을 만들면서 밑위를 박는다
※ p.48 참조

2 옆선을 박는다
※ p.48 참조

5 밑단을 박는다
※ p.30 참조

110cm 폭

골선

⑫ 앞쪽안단(2장)

② 앞판(2장)

S~L 450 cm

LL~4L 490 cm

골선

⑮ 뒤판(1장)

(안)

⑨ 긴소매 (2장)

110cm 폭

잘라서 다시 접는다

㉖ 뒤쪽안단(1장)

앞   뒤

⑯ 바지(2장)

(안)

⑤ 둥근바닥 주머니(1장)

⑥ 밑단 둥근 바닥주머니 (2장)

3.5 3.4 4 4

18   18

10.5－8

골선

둘레

앞트임 오른쪽 겉자락(1장)   앞트임 왼쪽 안자락(1장)

110cm 폭

G

Photo p. **15**

● **재료** ※ 왼쪽부터 S ~ L / LL ~ 4L
· 면(코튼스트라이프) 110cm 폭 x 430 / 480cm
  〈상의만 만들 때 230 / 260cm, 바지만 만들 때 210 / 230cm〉
· 접착심지 40 x 30cm
· 2cm 폭의 납작고무줄 65 ~ 85cm

● **실물크기 옷본**
〈 상의 〉
[A면] ② 앞판(기본 직선) ⑨ 긴소매 ⑪ 앞쪽안단
[B면] ⑮ 뒤판(기본 직선) ㉔ 뒤쪽안단
〈 바지 〉
[A면] ④ 오각형 주머니   [B면] ⑯ 바지(크롭길이)

● **완성치수** ※ 왼쪽부터 S / M / L / LL / 3L / 4L
가슴둘레 = 111 / 116 / 121 / 126 / 131 / 136cm
전체길이 = 60 / 62 / 64 / 74 / 76 / 78cm
허리 = 99 / 103 / 107 / 112 / 117 / 122cm
엉덩이 = 100.5 / 104.5 / 108.5 / 113 / 117.5 / 122cm
바지길이 = 90 / 91 / 92 / 96 / 97.2 / 98.4cm

● **옷감을 마름질하는 법** ※ 단위는 cm
※ ▨ 는 옷감의 안쪽에 접착심지를 붙인다
※ 정해진 것 이외의 시접은 1cm

● **만드는 순서**

〈 상의 〉

1 몸판의 어깨선을 박는다
※ p.26 [몸판과 안단의 어깨선을 박는다] 1, 2 참조

2 목둘레를 처리한다
※ p.42 참조. 피이핑 없음

6 소맷부리를 박는다.
※ p.29 [밑단과 소맷부리를 박는다] 2 참조

3 소매를 단다
※ p.28 참조

4 소매 옆선~몸판 옆선을 박는다
※ p.28 참조

5 밑단을 박는다
※ p.45 참조

〈 바지 〉

4 허리선을 박고 납작고무줄을 끼운다
※ p.30 참조

3 밑위를 박는다
※ p.30 참조

2 옆선을 박는다
※ p.48 참조

1 주머니를 단다
※ p.26 참조

5 밑단을 박는다
※ p.30 참조

H

Photo p. **16**

● **재료** ※ 왼쪽부터 S ~ L / LL ~ 4L
· 리넨(유럽리넨 이탈리안 마담플라워)
　145cm 폭 x 360 / 470cm
　〈상의만 만들 때 190 / 230cm, 바지만 만들 때 230 / 250cm〉
· 접착심지 40 x 50cm
· 2cm 폭의 납작고무줄 65~85cm

● **실물크기 옷본**
〈 상의 〉
[A면] ② 앞판(미들길이 직선) ⑨ 긴소매 ⑩ 앞쪽안단
[B면] ⑮ 뒤판(튜닉길이 직선) ㉖ 뒤쪽안단
〈 바지 〉
[B면] ⑮ 바지(풀길이)

● **완성치수** ※왼쪽부터 S / M / L / LL / 3L / 4L
가슴둘레 = 111 / 116 / 121 / 126 / 131 / 136cm
전체길이 = 87 / 89 / 91 / 101 / 103 / 105cm
허리 = 99 / 103 / 107 / 112 / 117 / 122cm
엉덩이 = 100.5 / 104.5 / 108.5 / 113 / 117.5 / 122cm
바지길이 = 100 / 101 / 102.2 / 106.3 / 107.4 / 108.5cm

● **옷감을 마름질하는 법** ※ 단위는 cm
※ ▨▨▨ 는 옷감의 안쪽에 접착심지를 붙인다
※ 정해진 것 이외의 시접은 1cm
※ ∧∧∧ 에는 지그재그박기를 해둔다

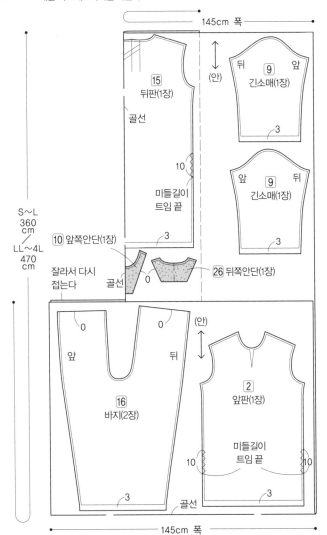

※ LL~4L사이즈는 앞·뒤 몸판을 세로로 배치, p.55와 같이 잘라서 다시 접은 후
　바지만 마름질하고 남은 곳에 안단을 마름질한다

● **만드는 순서**

〈 상의 〉

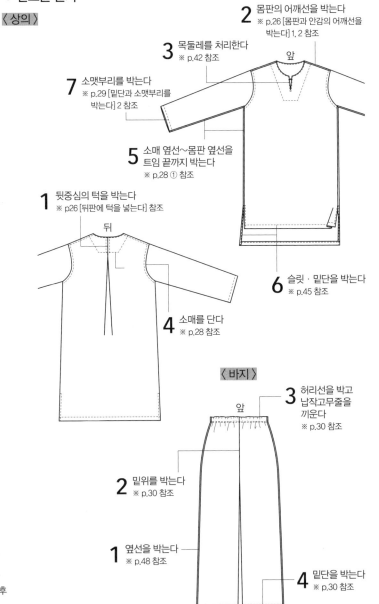

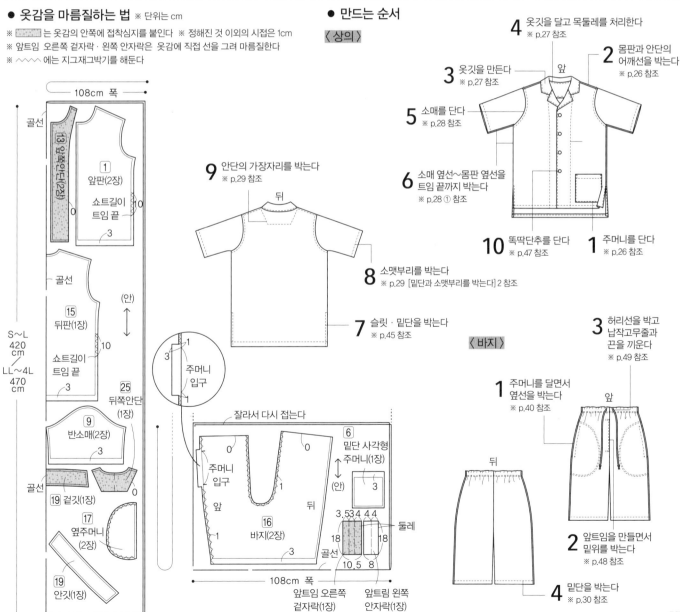

Photo p. 17

● **재료** ※ 왼쪽부터 S ~ L / LL ~ 4L
· 리넨(벨기에 리넨 40수 랜덤 도트프린트/라이트그레이)
　108cm 폭 x 420 / 470cm
　〈상의만 만들 때 260 / 290cm, 바지만 만들 때 160 / 180cm〉
· 접착심지 70 x 110cm
· 2cm 폭의 납작고무줄 65~85cm
· 지름 1.3cm 플라스틱 똑딱단추 4개
· 두께 0.5cm 끈 150cm

● **실물크기 옷본**
〈 상의 〉
[A면] ① 앞판(쇼트길이 직선) ⑨ 반소매 ⑬ 앞쪽안단(쇼트길이) ⑥ 밑단 사각형
[B면] ⑮ 뒤판(기본 직선) ⑲ 겉깃 · 안깃 ㉕ 뒤쪽안단
〈 바지 〉
[B면] ⑯ 바지(버뮤다길이) ⑰ 옆주머니

● **완성치수** ※왼쪽부터 S / M / L / LL / 3L / 4L
가슴둘레 = 111 / 116 / 121 / 126 / 131 / 136cm
전체길이 = 63 / 65 / 67 / 77 / 79 / 81cm
허리 = 99 / 103 / 107 / 112 / 117 / 122cm
엉덩이 = 100.5 / 104.5 / 108.5 / 113 / 117.5 / 122cm
바지길이 = 61.2 / 62.2 / 63.2 / 67.2 / 69.4cm

● **옷감을 마름질하는 법** ※ 단위는 cm
※ 　 는 옷감의 안쪽에 접착심지를 붙인다 ※ 정해진 것 이외의 시접은 1cm
※ 앞트임 오른쪽 겉자락 · 왼쪽 안자락은 옷감에 직접 선을 그려 마름질한다
※ ∧∧∧ 에는 지그재그박기를 해둔다

● **만드는 순서**
〈 상의 〉

4 옷깃을 달고 목둘레를 처리한다
　※ p.27 참조

3 옷깃을 만든다
　※ p.27 참조

2 몸판과 안단의 어깨선을 박는다
　※ p.26 참조

5 소매를 단다
　※ p.28 참조

6 소매 옆선~몸판 옆선을 트임 끝까지 박는다
　※ p.28 ① 참조

10 똑딱단추를 단다
　※ p.47 참조

1 주머니를 단다
　※ p.26 참조

9 안단의 가장자리를 박는다
　※ p.29 참조

8 소맷부리를 박는다
　※ p.29 [밑단과 소맷부리를 박는다] 2 참조

7 슬릿 · 밑단을 박는다
　※ p.45 참조

〈 바지 〉

1 주머니를 달면서 옆선을 박는다
　※ p.40 참조

3 허리선을 박고 납작고무줄과 끈을 끼운다
　※ p.49 참조

2 앞트임을 만들면서 밑위를 박는다
　※ p.48 참조

4 밑단을 박는다
　※ p.30 참조

J Photo p. **19**

● **재료** ※ 왼쪽부터 S ~ L / LL ~ 4L

· 면(블록체크) 145cm 폭 x 330 / 370cm
  〈상의만 만들 때 210 / 240cm, 바지만 만들 때 120 / 130cm〉
· 접착심지 70 x 110cm
· 2cm 폭의 납작고무줄 65~85cm
· 지름 1.5cm 단추 4개

● **실물크기 옷본**

〈 상의 〉

[A면] ① 앞판(기본 곡선) ⑨ 긴소매 ⑬ 앞쪽안단(기본) ⑧ 가슴 오각형 주머니
[B면] ⑮ 뒤판(기본 곡선) ⑳ 겉깃·안깃 ㉕ 뒤쪽안단

〈 바지 〉

[B면] ⑯ 바지(쇼트길이)

● **완성치수** ※왼쪽부터 S / M / L / LL / 3L / 4L

가슴둘레 = 111 / 116 / 121 / 126 / 131 / 136cm
전체길이 = 63 / 65 / 67 / 77 / 79 / 81cm
허리 = 99 / 103 / 107 / 112 / 117 / 122cm
엉덩이 = 100.5 / 104.5 / 108.5 / 113 / 117.5 / 122cm
바지길이 = 43 / 44 / 45 / 49 / 50 / 51cm

● **옷감을 마름질하는 법** ※ 단위는 cm

※ ▨▨ 는 옷감의 안쪽에 접착심지를 붙인다
※ 정해진 것 이외의 시접은 1cm

● **만드는 순서**

58

K Photo p. **20**

● **재료** ※ 왼쪽부터 S~L / LL~4L
· 리넨실크 150cm 폭 x 290 / 320cm
  〈상의만 만들 때 170 / 220cm, 바지만 만들 때 210 / 230cm〉
· 접착심지 40 x 30cm
· 10mm 폭의 파이핑테이프(녹색) 300 / 320cm
· 2cm 폭의 납작고무줄 65~85cm

● **실물크기 옷본**
〈 상의 〉
[A면] ② 앞판(기본 곡선) ⑨ 긴소매 ⑪ 앞쪽안단
[B면] ⑮ 뒤판(기본 곡선) ㉔ 뒤쪽안단
〈 바지 〉
[A면] ⑤ 둥근바닥 주머니 [B면] ⑯ 바지(크롭길이)

● **완성치수** ※왼쪽부터 S / M / L / LL / 3L / 4L
가슴둘레 = 111 / 116 / 121 / 126 / 131 / 136cm
전체길이 = 60 / 62 / 64 / 74 / 76 / 78cm
허리 = 99 / 103 / 107 / 112 / 117 / 122cm
엉덩이 = 100.5 / 104.5 / 108.5 / 113 / 117.5 / 122cm
바지길이 = 90 / 91 / 92 / 96 / 97.2 / 98.4cm

● **옷감을 마름질하는 법** ※ 단위는 cm
※ ▒▒▒ 는 옷감의 안쪽에 접착심지를 붙인다
※ 정해진 것 이외의 시접은 1cm

● **만드는 순서**

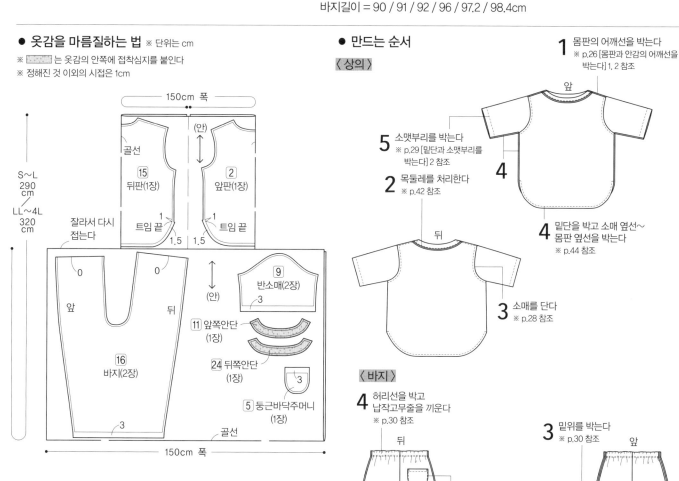

L

● **재료** ※ 왼쪽부터 S ~ L / LL ~ 4L
· 면기모(기모 코튼체크) 145cm 폭 x 270 / 300cm
· 접착심지 60 x 170cm
· 지름 1.5cm 단추 7개

● **실물크기 옷본**

〈 상의 〉

[A면] ② 앞판(원피스길이 곡선) ⑨ 긴소매 ⑫ 앞쪽안단(원피스길이),
[B면] ⑮ 뒤판(원피스길이 곡선) ㉒ 옷깃 ㉖ 뒤쪽안단 ⑰ 옆주머니

● **완성치수** ※ 왼쪽부터 S / M / L / LL / 3L / 4L
가슴둘레 = 111 / 116 / 121 / 126 / 131 / 136cm
전체길이 = 114 / 116 / 118 / 128 / 130 / 132cm

● **옷감을 마름질하는 법** ※ 단위는 cm

※ [░░░] 는 옷감의 안쪽에 접착심지를 붙인다
※ 정해진 것 이외에의 시접은 1cm
※ ∧∧∧ 에는 지그재그박기를 해둔다

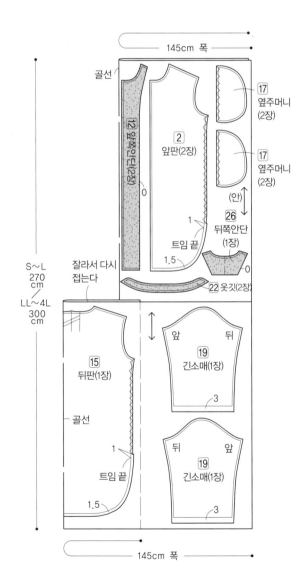

● **만드는 순서**

〈 상의 〉

3 옷깃을 만든다
※ p.43 참조

2 몸판과 안단의 어깨선을
박는다
※ p.26 참조

4 옷깃을 달고 목둘레를
처리한다
※ p.44 참조

6 소매 옆선을 박는다
※ p.45 참조

5 주머니를 달면서 옆선을
트임 끝까지 박는다
※ p.40 참조

8 밑단을 박는다
※ p.45 참조

11 단추를 단다
※ p.29, 47 참조

1 뒷중심에 턱을 넣는다
※ p.26[뒤판에 턱을 넣는다] 1,2 참조

10 안단의 가장자리를
박는다
※ p.29 참조

9 소맷부리를 박는다
※ p.29 [밑단과 소맷부리를
박는다] 2 참조

7 소매를 단다
※ p.45 참조

60

M

Photo p. **22**

● **재료** ※ 왼쪽부터 S~L / LL~4L

· 다이마루 160cm 폭 x 310 / 330cm
  〈상의만 만들 때 110 / 120cm, 바지만 만들 때 220 / 240cm〉
· 면 70 x 45 / 50cm
· 시보리 65 x 25 / 80 x 25cm
· 접착심지 70 x 50cm
· 2cm 폭의 납작고무줄 65~85cm
· 1cm 폭의 끈 150cm
· 지름 1.8cm 단추 1개

● **실물크기 옷본**

〈상의〉
[A면] ② 앞판(쇼트길이 곡선) ⑨ 반소매 ⑧ 가슴 둥근바닥 주머니
[B면] ⑮ 뒤판(쇼트길이 곡선) ㉑ 옷깃

〈바지〉
[B면] ⑯ 바지(밑단 시보리 포함) ⑰ 옆주머니

● **완성치수** ※왼쪽부터 S / M / L / LL / 3L / 4L

가슴둘레 = 111 / 116 / 121 / 126 / 131 / 136cm
전체길이 = 57 / 59 / 61 / 71 / 73 / 75cm
허리 = 99 / 103 / 107 / 112 / 117 / 122cm
엉덩이 = 100.5 / 104.5 / 108.5 / 113 / 117.5 / 122cm
바지길이 = 104.5 / 105.5 / 106.6 / 110.7 / 111.8 / 113cm

● 옷감을 마름질하는 법 ※ 단위는 cm

※ [░░░] 는 옷감의 안쪽에 접착심지를 붙인다
※ 정해진 것 이외의 시접은 1cm ※ ∧∧∧ 에는 지그재그박기를 해둔다
※ 단추집덧단, 밑단 시보리는 옷감에 직접 선을 그려 마름질한다.

● 만드는 순서

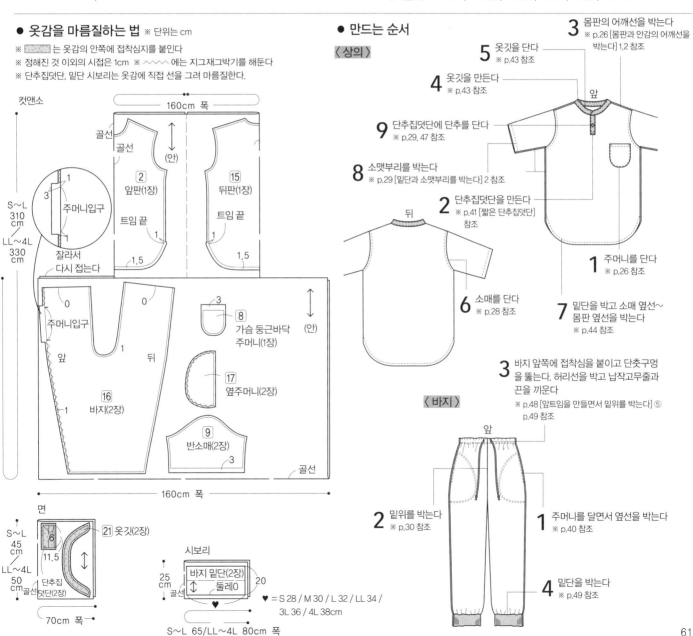

61

N

Photo p. **24**

● **재료** ※ 왼쪽부터 S ~ L / LL ~ 4L
· 면(코튼 멀티스트라이프) 145cm x 370 / 410cm
　〈상의만 만들 때 150 / 180cm, 바지만 만들 때 230 / 250cm〉
· 접착심지 80 x 30cm
· 10mm 폭의 파이핑테이프(검정) 80 x 90cm
· 2cm 폭의 납작고무줄 65~85cm
· 지름 1.8cm 단추 1개
· 두께 0.5cm 면끈 150cm

● **실물크기 옷본**
〈상의〉
[A면] ② 앞판(쇼트길이 직선) ⑨ 긴소매 ⑩ 앞쪽안단
[B면] ⑮ 뒤판(기본 직선) ㉖ 뒤쪽안단
〈바지〉
[B면] ⑯ 바지(풀길이) ⑱ 옆주머니

● **완성치수** ※왼쪽부터 S / M / L / LL / 3L / 4L
가슴둘레 = 111 / 116 / 121 / 126 / 131 / 136cm
전체길이 = 62 / 64 / 66 / 76 / 80cm
허리 = 99 / 103 / 107 / 112 / 117 / 122cm
엉덩이 = 100.5 / 104.5 / 108.5 / 113 / 117.5 / 122cm
바지길이 = 100 / 101 / 102.2 / 106.3 / 107.4 / 108.5cm

● **옷감을 마름질하는 법** ※ 단위는 cm
※ [ ] 는 옷감의 안쪽에 접착심지를 붙인다 ※ 정해진 것 이외의 시접은 1cm
※ 앞트임 오른쪽 겉자락 · 왼쪽 안자락은 옷감에 직접 선을 그려 마름질한다
※ ∧∧∧ 에는 지그재그박기를 해둔다
※ 긴소매는 p.39 [소맷부리 · 바지 밑단]-1을 참조하여 옷본을 만들고 옷감을 마름질한다.

● **만드는 순서**
〈상의〉

1 몸판의 어깨선을 박는다
　※ p.26의 [몸판과 안단의 어깨선을 박는다] 1, 2 참조

2 목둘레를 처리한다
　※ p.42 참조

3 소맷부리에 파이핑테이프를 끼워서 박는다
　※ p.39 [소맷부리. 바지의 밑단] 참조

5 소매 옆선~몸판 옆선을 트임 끝까지 박는다
　※ p.28 ① 참조

6 슬릿 · 밑단을 박는다
　※ p.45 참조

4 소매를 단다
　※ p.28 참조

7 소맷부리를 박는다
　※ p.29 [밑단과 소맷부리를 박는다] 2 참조

〈바지〉

3 허리선을 박고 납작고무줄과 끈을 끼운다
　※ p.49 참조

1 주머니를 달면서 옆선을 박는다
　※ p.29 참조

2 앞트임을 만들면서 밑위를 박는다
　※ p.48 참조

4 밑단을 박는다
　※ p.30 참조

Photo p. **25**

● **재료** ※ 왼쪽부터 S ～ L / LL ～ 4L
· 리넨(워싱된 능직 벨기에리넨 60수) 110cm 폭 x 520 / 550cm
  〈상의만 만들 때 290 / 310cm, 바지만 만들 때 230 / 250cm〉
· 접착심지 80 x 120cm
· 2cm 폭의 납작고무줄 65～85cm
· 지름 1.8cm 단추 7개

● **실물크기 옷본**
〈상의〉
[A면] ① 앞판(미들길이 곡선) ⑨ 반소매 ⑬ 앞쪽안단(미들길이)
        ⑧ 가슴 둥근바닥 주머니
[B면] ⑮ 뒤판(튜닉길이 곡선) ⑳ 겉깃 · 안깃 ㉕ 뒤쪽안단
〈바지〉
[B면] ⑯ 바지(풀길이) ① 옆주머니

● **완성치수** ※왼쪽부터 S / M / L / LL / 3L / 4L
가슴둘레 = 111 / 116 / 121 / 126 / 131 / 136cm
전체길이 = 88 / 90 / 92 / 102 / 104 / 106cm
허리 = 99 / 103 / 107 / 112 / 117 / 122cm
엉덩이 = 100.5 / 104.5 / 108.5 / 113 / 117.5 / 122cm
바지길이 = 100 / 101 / 102.2 / 106.3 / 107.4 / 108.5cm

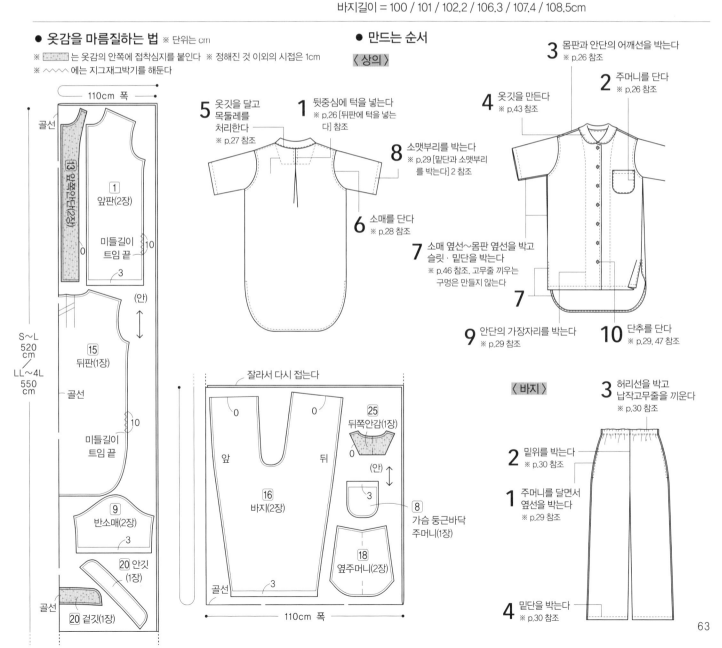

● **옷감을 마름질하는 법** ※ 단위는 cm
※ ▨ 는 옷감의 안쪽에 접착심지를 붙인다 ※ 정해진 것 이외의 시접은 1cm
※ ⌇⌇ 에는 지그재그박기를 해둔다

● **만드는 순서**

〈상의〉

5 옷깃을 달고 목둘레를 처리한다 ※ p.27 참조

1 뒷중심에 턱을 넣는다 ※ p.26 [뒤판에 턱을 넣는다] 참조

8 소맷부리를 박는다 ※ p.29 [밑단과 소맷부리를 박는다] 2 참조

6 소매를 단다 ※ p.28 참조

7 소매 옆선～몸판 옆선을 박고 슬릿 · 밑단을 박는다 ※ p.46 참조. 고무줄 끼우는 구멍은 만들지 않는다

9 안단의 가장자리를 박는다 ※ p.29 참조

3 몸판과 안단의 어깨선을 박는다 ※ p.26 참조

2 주머니를 단다 ※ p.26 참조

4 옷깃을 만든다 ※ p.43 참조

10 단추를 단다 ※ p.29, 47 참조

〈바지〉

3 허리선을 박고 납작고무줄을 끼운다 ※ p.30 참조

2 밑위를 박는다 ※ p.30 참조

1 주머니를 달면서 옆선을 박는다 ※ p.29 참조

4 밑단을 박는다 ※ p.30 참조

"ARRANGE JIZAI NO PAJAMA TAIZEN" (NV80802) by Aoi Koda
Copyright ⓒ Aoi Koda / NIHON VOGUE-SHA 2024
All rights reserved.
First published in Japan in 2024 by NIHON VOGUE Corp.
Photographer: Suguru Ariga, Nobuhiko Honma
This Korean edition is published by arrangement with NIHON VOGUE Corp., Tokyo in care of Tuttle-Mori
Agency, Inc., Tokyo, through Botong Agency, Seoul.

매일 입고 싶은 잠옷

1쇄 펴낸날 2025년 6월 5일

지은이 _ 코다 아오이
옮긴이 _ 김수정
펴낸이 _ 정원정, 김자영
편집 _ 홍현숙
디자인 _ 김민정

펴낸곳 _ 즐거운상상
주소 _ 서울시 중구 충무로 13 엘크루메트로시티 1811호
전화 _ 02-706-9452 팩스 _ 02-706-9458
전자우편 _ happydreampub@naver.com
인스타그램 _ happywitches
출판등록 _ 2001년 5월 7일
인쇄 _ 천일문화사

ISBN 979-11-5536-234-1 (13630)